2023

52. KW - Dezember 2022

	26.12. Montag	27.12. Dienstag	28.12. Mittwoch
Name: Telefon:	9.00 2. Weihnachtstag 9.30	9.00 9.30	9.00 9.30
Name: Telefon:	10.00 10.30 11.00	10.00 10.30 11.00	10.00 10.30 11.00
Name: Telefon:	11.30 12.00	11.30 12.00	11.30 12.00
Name: Telefon:	12.30 13.00	12.30 13.00	12.30 13.00
Name: Telefon:	13.30 14.00 14.30	13.30 14.00 14.30	13.30 14.00 14.30
Name: Telefon:	15.00 15.30	15.00 15.30	15.00 15.30
Name: Telefon:	16.00 16.30 17.00	16.00 16.30 17.00	16.00 16.30 17.00
Name: Telefon:	17.30 18.00	17.30 18.00	17.30 18.00
Name: Telefon:	18.30 19.00	18.30 19.00	18.30 19.00
Name: Telefon:	19.30 20.00 20.30	19.30 20.00 20.30	19.30 20.00 20.30

29.12. Donnerstag	30.12. Freitag	**31.12.** **Samstag**	1.1. Sonntag Neujahr
9.00	9.00	9.00	9.00
9.30	9.30	9.30	9.30
10.00	10.00	10.00	10.00
10.30	10.30	10.30	10.30
11.00	11.00	11.00	11.00
11.30	11.30	11.30	11.30
12.00	12.00	12.00	12.00
12.30	12.30	12.30	12.30
13.00	13.00	13.00	13.00
13.30	13.30	13.30	13.30
14.00	14.00	14.00	14.00
14.30	14.30	14.30	14.30
15.00	15.00	15.00	15.00
15.30	15.30	15.30	15.30
16.00	16.00	16.00	16.00
16.30	16.30	16.30	16.30
17.00	17.00	17.00	17.00
17.30	17.30	17.30	17.30
18.00	18.00	18.00	18.00
18.30	18.30	18.30	18.30
19.00	19.00	19.00	19.00
19.30	19.30	19.30	19.30
20.00	20.00	20.00	20.00
20.30	20.30	20.30	20.30

1. KW - Januar 2023

	2.1. Montag	3.1. Dienstag	4.1. Mittwoch
Name: Telefon:	9.00 9.30	9.00 9.30	9.00 9.30
Name: Telefon:	10.00 10.30	10.00 10.30	10.00 10.30
Name: Telefon:	11.00 11.30	11.00 11.30	11.00 11.30
Name: Telefon:	12.00 12.30	12.00 12.30	12.00 12.30
Name: Telefon:	13.00 13.30	13.00 13.30	13.00 13.30
Name: Telefon:	14.00 14.30	14.00 14.30	14.00 14.30
Name: Telefon:	15.00 15.30	15.00 15.30	15.00 15.30
Name: Telefon:	16.00 16.30	16.00 16.30	16.00 16.30
Name: Telefon:	17.00 17.30	17.00 17.30	17.00 17.30
Name: Telefon:	18.00 18.30	18.00 18.30	18.00 18.30
Name: Telefon:	19.00 19.30	19.00 19.30	19.00 19.30
Name: Telefon:	20.00 20.30	20.00 20.30	20.00 20.30

Januar 2023

5.1. Donnerstag	6.1. Freitag	**7.1.** **Samstag**	8.1. Sonntag
9.00	9.00 Heilige Drei Könige	9.00	9.00
9.30	9.30 (Feiertag in Baden- Württemb., Bayern und	9.30	9.30
10.00	10.00 Sachsen-Anhalt)	10.00	10.00
10.30	10.30	10.30	10.30
11.00	11.00	11.00	11.00
11.30	11.30	11.30	11.30
12.00	12.00	12.00	12.00
12.30	12.30	12.30	12.30
13.00	13.00	13.00	13.00
13.30	13.30	13.30	13.30
14.00	14.00	14.00	14.00
14.30	14.30	14.30	14.30
15.00	15.00	15.00	15.00
15.30	15.30	15.30	15.30
16.00	16.00	16.00	16.00
16.30	16.30	16.30	16.30
17.00	17.00	17.00	17.00
17.30	17.30	17.30	17.30
18.00	18.00	18.00	18.00
18.30	18.30	18.30	18.30
19.00	19.00	19.00	19.00
19.30	19.30	19.30	19.30
20.00	20.00	20.00	20.00
20.30	20.30	20.30	20.30

2. KW - Januar 2023

	9.1. Montag	10.1. Dienstag	11.1. Mittwoch
Name: Telefon:	9.00 9.30	9.00 9.30	9.00 9.30
Name: Telefon:	10.00 10.30 11.00	10.00 10.30 11.00	10.00 10.30 11.00
Name: Telefon:	11.30 12.00	11.30 12.00	11.30 12.00
Name: Telefon:	12.30 13.00	12.30 13.00	12.30 13.00
Name: Telefon:	13.30 14.00 14.30	13.30 14.00 14.30	13.30 14.00 14.30
Name: Telefon:	15.00 15.30	15.00 15.30	15.00 15.30
Name: Telefon:	16.00 16.30 17.00	16.00 16.30 17.00	16.00 16.30 17.00
Name: Telefon:	17.30 18.00	17.30 18.00	17.30 18.00
Name: Telefon:	18.30 19.00	18.30 19.00	18.30 19.00
Name: Telefon:	19.30 20.00 20.30	19.30 20.00 20.30	19.30 20.00 20.30

Januar 2023

12.1. Donnerstag	13.1. Freitag	**14.1.** **Samstag**	15.1. Sonntag
9.00	9.00	9.00	9.00
9.30	9.30	9.30	9.30
10.00	10.00	10.00	10.00
10.30	10.30	10.30	10.30
11.00	11.00	11.00	11.00
11.30	11.30	11.30	11.30
12.00	12.00	12.00	12.00
12.30	12.30	12.30	12.30
13.00	13.00	13.00	13.00
13.30	13.30	13.30	13.30
14.00	14.00	14.00	14.00
14.30	14.30	14.30	14.30
15.00	15.00	15.00	15.00
15.30	15.30	15.30	15.30
16.00	16.00	16.00	16.00
16.30	16.30	16.30	16.30
17.00	17.00	17.00	17.00
17.30	17.30	17.30	17.30
18.00	18.00	18.00	18.00
18.30	18.30	18.30	18.30
19.00	19.00	19.00	19.00
19.30	19.30	19.30	19.30
20.00	20.00	20.00	20.00
20.30	20.30	20.30	20.30

3. KW - Januar 2023

	16.1. Montag	17.1. Dienstag	18.1. Mittwoch
Name: Telefon:	9.00 9.30	9.00 9.30	9.00 9.30
Name: Telefon:	10.00 10.30 11.00	10.00 10.30 11.00	10.00 10.30 11.00
Name: Telefon:	11.30 12.00	11.30 12.00	11.30 12.00
Name: Telefon:	12.30 13.00	12.30 13.00	12.30 13.00
Name: Telefon:	13.30 14.00 14.30	13.30 14.00 14.30	13.30 14.00 14.30
Name: Telefon:	15.00 15.30	15.00 15.30	15.00 15.30
Name: Telefon:	16.00 16.30 17.00	16.00 16.30 17.00	16.00 16.30 17.00
Name: Telefon:	17.30 18.00	17.30 18.00	17.30 18.00
Name: Telefon:	18.30 19.00	18.30 19.00	18.30 19.00
Name: Telefon:	19.30 20.00 20.30	19.30 20.00 20.30	19.30 20.00 20.30

Januar 2023

19.1. Donnerstag	20.1. Freitag	**21.1.** **Samstag**	22.1. Sonntag
9.00	9.00	9.00	9.00
9.30	9.30	9.30	9.30
10.00	10.00	10.00	10.00
10.30	10.30	10.30	10.30
11.00	11.00	11.00	11.00
11.30	11.30	11.30	11.30
12.00	12.00	12.00	12.00
12.30	12.30	12.30	12.30
13.00	13.00	13.00	13.00
13.30	13.30	13.30	13.30
14.00	14.00	14.00	14.00
14.30	14.30	14.30	14.30
15.00	15.00	15.00	15.00
15.30	15.30	15.30	15.30
16.00	16.00	16.00	16.00
16.30	16.30	16.30	16.30
17.00	17.00	17.00	17.00
17.30	17.30	17.30	17.30
18.00	18.00	18.00	18.00
18.30	18.30	18.30	18.30
19.00	19.00	19.00	19.00
19.30	19.30	19.30	19.30
20.00	20.00	20.00	20.00
20.30	20.30	20.30	20.30

4. KW - Januar 2023

	23.1. Montag	24.1. Dienstag	25.1. Mittwoch
Name: Telefon:	9.00 9.30	9.00 9.30	9.00 9.30
Name: Telefon:	10.00 10.30 11.00	10.00 10.30 11.00	10.00 10.30 11.00
Name: Telefon:	11.30 12.00	11.30 12.00	11.30 12.00
Name: Telefon:	12.30 13.00	12.30 13.00	12.30 13.00
Name: Telefon:	13.30 14.00 14.30	13.30 14.00 14.30	13.30 14.00 14.30
Name: Telefon:	15.00 15.30	15.00 15.30	15.00 15.30
Name: Telefon:	16.00 16.30 17.00	16.00 16.30 17.00	16.00 16.30 17.00
Name: Telefon:	17.30 18.00	17.30 18.00	17.30 18.00
Name: Telefon:	18.30 19.00	18.30 19.00	18.30 19.00
Name: Telefon:	19.30 20.00 20.30	19.30 20.00 20.30	19.30 20.00 20.30

Januar 2023

26.1. Donnerstag	27.1. Freitag	**28.1.** **Samstag**	29.1. Sonntag
9.00	9.00	9.00	9.00
9.30	9.30	9.30	9.30
10.00	10.00	10.00	10.00
10.30	10.30	10.30	10.30
11.00	11.00	11.00	11.00
11.30	11.30	11.30	11.30
12.00	12.00	12.00	12.00
12.30	12.30	12.30	12.30
13.00	13.00	13.00	13.00
13.30	13.30	13.30	13.30
14.00	14.00	14.00	14.00
14.30	14.30	14.30	14.30
15.00	15.00	15.00	15.00
15.30	15.30	15.30	15.30
16.00	16.00	16.00	16.00
16.30	16.30	16.30	16.30
17.00	17.00	17.00	17.00
17.30	17.30	17.30	17.30
18.00	18.00	18.00	18.00
18.30	18.30	18.30	18.30
19.00	19.00	19.00	19.00
19.30	19.30	19.30	19.30
20.00	20.00	20.00	20.00
20.30	20.30	20.30	20.30

5. KW - Januar 2023   Februar 2023

	30.1. Montag	31.1. Dienstag	1.2. Mittwoch
Name: Telefon:	9.00 9.30	9.00 9.30	9.00 9.30
Name: Telefon:	10.00 10.30 11.00	10.00 10.30 11.00	10.00 10.30 11.00
Name: Telefon:	11.30 12.00	11.30 12.00	11.30 12.00
Name: Telefon:	12.30 13.00	12.30 13.00	12.30 13.00
Name: Telefon:	13.30 14.00 14.30	13.30 14.00 14.30	13.30 14.00 14.30
Name: Telefon:	15.00 15.30	15.00 15.30	15.00 15.30
Name: Telefon:	16.00 16.30 17.00	16.00 16.30 17.00	16.00 16.30 17.00
Name: Telefon:	17.30 18.00	17.30 18.00	17.30 18.00
Name: Telefon:	18.30 19.00	18.30 19.00	18.30 19.00
Name: Telefon:	19.30 20.00 20.30	19.30 20.00 20.30	19.30 20.00 20.30

Februar 2023

2.2. Donnerstag	3.2. Freitag	4.2. Samstag	5.2. Sonntag
9.00	9.00	9.00	9.00
9.30	9.30	9.30	9.30
10.00	10.00	10.00	10.00
10.30	10.30	10.30	10.30
11.00	11.00	11.00	11.00
11.30	11.30	11.30	11.30
12.00	12.00	12.00	12.00
12.30	12.30	12.30	12.30
13.00	13.00	13.00	13.00
13.30	13.30	13.30	13.30
14.00	14.00	14.00	14.00
14.30	14.30	14.30	14.30
15.00	15.00	15.00	15.00
15.30	15.30	15.30	15.30
16.00	16.00	16.00	16.00
16.30	16.30	16.30	16.30
17.00	17.00	17.00	17.00
17.30	17.30	17.30	17.30
18.00	18.00	18.00	18.00
18.30	18.30	18.30	18.30
19.00	19.00	19.00	19.00
19.30	19.30	19.30	19.30
20.00	20.00	20.00	20.00
20.30	20.30	20.30	20.30

6. KW - Februar 2023

	6.2. Montag	7.2. Dienstag	8.2. Mittwoch
Name: Telefon:	9.00 9.30	9.00 9.30	9.00 9.30
Name: Telefon:	10.00 10.30	10.00 10.30	10.00 10.30
Name: Telefon:	11.00 11.30 12.00	11.00 11.30 12.00	11.00 11.30 12.00
Name: Telefon:	12.30 13.00	12.30 13.00	12.30 13.00
Name: Telefon:	13.30 14.00 14.30	13.30 14.00 14.30	13.30 14.00 14.30
Name: Telefon:	15.00 15.30	15.00 15.30	15.00 15.30
Name: Telefon:	16.00 16.30 17.00	16.00 16.30 17.00	16.00 16.30 17.00
Name: Telefon:	17.30 18.00	17.30 18.00	17.30 18.00
Name: Telefon:	18.30 19.00	18.30 19.00	18.30 19.00
Name: Telefon:	19.30 20.00 20.30	19.30 20.00 20.30	19.30 20.00 20.30

Februar 2023

9.2. Donnerstag	10.2. Freitag	11.2. Samstag	12.2. Sonntag
9.00	9.00	9.00	9.00
9.30	9.30	9.30	9.30
10.00	10.00	10.00	10.00
10.30	10.30	10.30	10.30
11.00	11.00	11.00	11.00
11.30	11.30	11.30	11.30
12.00	12.00	12.00	12.00
12.30	12.30	12.30	12.30
13.00	13.00	13.00	13.00
13.30	13.30	13.30	13.30
14.00	14.00	14.00	14.00
14.30	14.30	14.30	14.30
15.00	15.00	15.00	15.00
15.30	15.30	15.30	15.30
16.00	16.00	16.00	16.00
16.30	16.30	16.30	16.30
17.00	17.00	17.00	17.00
17.30	17.30	17.30	17.30
18.00	18.00	18.00	18.00
18.30	18.30	18.30	18.30
19.00	19.00	19.00	19.00
19.30	19.30	19.30	19.30
20.00	20.00	20.00	20.00
20.30	20.30	20.30	20.30

7. KW - Februar 2023

Name:	13.2. Montag	14.2. Dienstag	15.2. Mittwoch
Telefon:	9.00	9.00	9.00
	9.30	9.30	9.30
Name:	10.00	10.00	10.00
Telefon:	10.30	10.30	10.30
	11.00	11.00	11.00
Name:	11.30	11.30	11.30
Telefon:	12.00	12.00	12.00
Name:	12.30	12.30	12.30
Telefon:	13.00	13.00	13.00
Name:	13.30	13.30	13.30
Telefon:	14.00	14.00	14.00
	14.30	14.30	14.30
Name:	15.00	15.00	15.00
Telefon:	15.30	15.30	15.30
Name:	16.00	16.00	16.00
Telefon:	16.30	16.30	16.30
	17.00	17.00	17.00
Name:	17.30	17.30	17.30
Telefon:	18.00	18.00	18.00
Name:	18.30	18.30	18.30
Telefon:	19.00	19.00	19.00
Name:	19.30	19.30	19.30
Telefon:	20.00	20.00	20.00
	20.30	20.30	20.30

Februar 2023

16.2. Donnerstag	17.2. Freitag	18.2. Samstag	19.2. Sonntag
9.00	9.00	9.00	9.00
9.30	9.30	9.30	9.30
10.00	10.00	10.00	10.00
10.30	10.30	10.30	10.30
11.00	11.00	11.00	11.00
11.30	11.30	11.30	11.30
12.00	12.00	12.00	12.00
12.30	12.30	12.30	12.30
13.00	13.00	13.00	13.00
13.30	13.30	13.30	13.30
14.00	14.00	14.00	14.00
14.30	14.30	14.30	14.30
15.00	15.00	15.00	15.00
15.30	15.30	15.30	15.30
16.00	16.00	16.00	16.00
16.30	16.30	16.30	16.30
17.00	17.00	17.00	17.00
17.30	17.30	17.30	17.30
18.00	18.00	18.00	18.00
18.30	18.30	18.30	18.30
19.00	19.00	19.00	19.00
19.30	19.30	19.30	19.30
20.00	20.00	20.00	20.00
20.30	20.30	20.30	20.30

8. KW - Februar 2023

	20.2. Montag	21.2. Dienstag	22.2. Mittwoch
Name: Telefon:	Rosenmontag 9.00 9.30	9.00 9.30	9.00 9.30
Name: Telefon:	10.00 10.30 11.00	10.00 10.30 11.00	10.00 10.30 11.00
Name: Telefon:	11.30 12.00	11.30 12.00	11.30 12.00
Name: Telefon:	12.30 13.00	12.30 13.00	12.30 13.00
Name: Telefon:	13.30 14.00 14.30	13.30 14.00 14.30	13.30 14.00 14.30
Name: Telefon:	15.00 15.30	15.00 15.30	15.00 15.30
Name: Telefon:	16.00 16.30 17.00	16.00 16.30 17.00	16.00 16.30 17.00
Name: Telefon:	17.30 18.00	17.30 18.00	17.30 18.00
Name: Telefon:	18.30 19.00	18.30 19.00	18.30 19.00
Name: Telefon:	19.30 20.00 20.30	19.30 20.00 20.30	19.30 20.00 20.30

Februar 2023

23.2. Donnerstag	24.2. Freitag	**25.2. Samstag**	26.2. Sonntag
9.00	9.00	9.00	9.00
9.30	9.30	9.30	9.30
10.00	10.00	10.00	10.00
10.30	10.30	10.30	10.30
11.00	11.00	11.00	11.00
11.30	11.30	11.30	11.30
12.00	12.00	12.00	12.00
12.30	12.30	12.30	12.30
13.00	13.00	13.00	13.00
13.30	13.30	13.30	13.30
14.00	14.00	14.00	14.00
14.30	14.30	14.30	14.30
15.00	15.00	15.00	15.00
15.30	15.30	15.30	15.30
16.00	16.00	16.00	16.00
16.30	16.30	16.30	16.30
17.00	17.00	17.00	17.00
17.30	17.30	17.30	17.30
18.00	18.00	18.00	18.00
18.30	18.30	18.30	18.30
19.00	19.00	19.00	19.00
19.30	19.30	19.30	19.30
20.00	20.00	20.00	20.00
20.30	20.30	20.30	20.30

9. KW - Februar 2023   März 2023

	27.2. Montag	28.2. Dienstag	1.3. Mittwoch
Name: Telefon:	9.00 9.30	9.00 9.30	9.00 9.30
Name: Telefon:	10.00 10.30 11.00	10.00 10.30 11.00	10.00 10.30 11.00
Name: Telefon:	11.30 12.00	11.30 12.00	11.30 12.00
Name: Telefon:	12.30 13.00	12.30 13.00	12.30 13.00
Name: Telefon:	13.30 14.00 14.30	13.30 14.00 14.30	13.30 14.00 14.30
Name: Telefon:	15.00 15.30	15.00 15.30	15.00 15.30
Name: Telefon:	16.00 16.30 17.00	16.00 16.30 17.00	16.00 16.30 17.00
Name: Telefon:	17.30 18.00	17.30 18.00	17.30 18.00
Name: Telefon:	18.30 19.00	18.30 19.00	18.30 19.00
Name: Telefon:	19.30 20.00 20.30	19.30 20.00 20.30	19.30 20.00 20.30

März 2023

2.3. Donnerstag	3.3. Freitag	4.3. Samstag	5.3. Sonntag
9.00	9.00	9.00	9.00
9.30	9.30	9.30	9.30
10.00	10.00	10.00	10.00
10.30	10.30	10.30	10.30
11.00	11.00	11.00	11.00
11.30	11.30	11.30	11.30
12.00	12.00	12.00	12.00
12.30	12.30	12.30	12.30
13.00	13.00	13.00	13.00
13.30	13.30	13.30	13.30
14.00	14.00	14.00	14.00
14.30	14.30	14.30	14.30
15.00	15.00	15.00	15.00
15.30	15.30	15.30	15.30
16.00	16.00	16.00	16.00
16.30	16.30	16.30	16.30
17.00	17.00	17.00	17.00
17.30	17.30	17.30	17.30
18.00	18.00	18.00	18.00
18.30	18.30	18.30	18.30
19.00	19.00	19.00	19.00
19.30	19.30	19.30	19.30
20.00	20.00	20.00	20.00
20.30	20.30	20.30	20.30

10. KW - März 2023

	6.3. Montag	7.3. Dienstag	8.3. Mittwoch
			Internat.Frauentag (Feiertag Berlin)
Name:	9.00	9.00	9.00
Telefon:	9.30	9.30	9.30
Name:	10.00	10.00	10.00
Telefon:	10.30	10.30	10.30
Name:	11.00	11.00	11.00
	11.30	11.30	11.30
Telefon:	12.00	12.00	12.00
Name:	12.30	12.30	12.30
Telefon:	13.00	13.00	13.00
Name:	13.30	13.30	13.30
Telefon:	14.00	14.00	14.00
	14.30	14.30	14.30
Name:	15.00	15.00	15.00
Telefon:	15.30	15.30	15.30
Name:	16.00	16.00	16.00
Telefon:	16.30	16.30	16.30
	17.00	17.00	17.00
Name:	17.30	17.30	17.30
Telefon:	18.00	18.00	18.00
Name:	18.30	18.30	18.30
Telefon:	19.00	19.00	19.00
Name:	19.30	19.30	19.30
Telefon:	20.00	20.00	20.00
	20.30	20.30	20.30

März 2023

9.3. Donnerstag	10.3. Freitag	**11.3.** **Samstag**	12.3. Sonntag
9.00	9.00	9.00	9.00
9.30	9.30	9.30	9.30
10.00	10.00	10.00	10.00
10.30	10.30	10.30	10.30
11.00	11.00	11.00	11.00
11.30	11.30	11.30	11.30
12.00	12.00	12.00	12.00
12.30	12.30	12.30	12.30
13.00	13.00	13.00	13.00
13.30	13.30	13.30	13.30
14.00	14.00	14.00	14.00
14.30	14.30	14.30	14.30
15.00	15.00	15.00	15.00
15.30	15.30	15.30	15.30
16.00	16.00	16.00	16.00
16.30	16.30	16.30	16.30
17.00	17.00	17.00	17.00
17.30	17.30	17.30	17.30
18.00	18.00	18.00	18.00
18.30	18.30	18.30	18.30
19.00	19.00	19.00	19.00
19.30	19.30	19.30	19.30
20.00	20.00	20.00	20.00
20.30	20.30	20.30	20.30

11. KW - März 2023

	13.3. Montag	14.3. Dienstag	15.3. Mittwoch
Name: Telefon:	9.00 9.30	9.00 9.30	9.00 9.30
Name: Telefon:	10.00 10.30	10.00 10.30	10.00 10.30
Name: Telefon:	11.00 11.30 12.00	11.00 11.30 12.00	11.00 11.30 12.00
Name: Telefon:	12.30 13.00	12.30 13.00	12.30 13.00
Name: Telefon:	13.30 14.00 14.30	13.30 14.00 14.30	13.30 14.00 14.30
Name: Telefon:	15.00 15.30	15.00 15.30	15.00 15.30
Name: Telefon:	16.00 16.30 17.00	16.00 16.30 17.00	16.00 16.30 17.00
Name: Telefon:	17.30 18.00	17.30 18.00	17.30 18.00
Name: Telefon:	18.30 19.00	18.30 19.00	18.30 19.00
Name: Telefon:	19.30 20.00 20.30	19.30 20.00 20.30	19.30 20.00 20.30

März 2023

16.3. Donnerstag	17.3. Freitag	18.3. Samstag	19.3. Sonntag
9.00	9.00	9.00	9.00
9.30	9.30	9.30	9.30
10.00	10.00	10.00	10.00
10.30	10.30	10.30	10.30
11.00	11.00	11.00	11.00
11.30	11.30	11.30	11.30
12.00	12.00	12.00	12.00
12.30	12.30	12.30	12.30
13.00	13.00	13.00	13.00
13.30	13.30	13.30	13.30
14.00	14.00	14.00	14.00
14.30	14.30	14.30	14.30
15.00	15.00	15.00	15.00
15.30	15.30	15.30	15.30
16.00	16.00	16.00	16.00
16.30	16.30	16.30	16.30
17.00	17.00	17.00	17.00
17.30	17.30	17.30	17.30
18.00	18.00	18.00	18.00
18.30	18.30	18.30	18.30
19.00	19.00	19.00	19.00
19.30	19.30	19.30	19.30
20.00	20.00	20.00	20.00
20.30	20.30	20.30	20.30

12. KW - März 2023

	20.3. Montag	21.3. Dienstag	22.3. Mittwoch
Name: Telefon:	9.00 9.30	9.00 9.30	9.00 9.30
Name: Telefon:	10.00 10.30 11.00	10.00 10.30 11.00	10.00 10.30 11.00
Name: Telefon:	11.30 12.00	11.30 12.00	11.30 12.00
Name: Telefon:	12.30 13.00	12.30 13.00	12.30 13.00
Name: Telefon:	13.30 14.00 14.30	13.30 14.00 14.30	13.30 14.00 14.30
Name: Telefon:	15.00 15.30	15.00 15.30	15.00 15.30
Name: Telefon:	16.00 16.30 17.00	16.00 16.30 17.00	16.00 16.30 17.00
Name: Telefon:	17.30 18.00	17.30 18.00	17.30 18.00
Name: Telefon:	18.30 19.00	18.30 19.00	18.30 19.00
Name: Telefon:	19.30 20.00 20.30	19.30 20.00 20.30	19.30 20.00 20.30

März 2023

23.3. Donnerstag	24.3. Freitag	**25.3.** **Samstag**	26.3. Sonntag
9.00	9.00	9.00	9.00
9.30	9.30	9.30	9.30
10.00	10.00	10.00	10.00
10.30	10.30	10.30	10.30
11.00	11.00	11.00	11.00
11.30	11.30	11.30	11.30
12.00	12.00	12.00	12.00
12.30	12.30	12.30	12.30
13.00	13.00	13.00	13.00
13.30	13.30	13.30	13.30
14.00	14.00	14.00	14.00
14.30	14.30	14.30	14.30
15.00	15.00	15.00	15.00
15.30	15.30	15.30	15.30
16.00	16.00	16.00	16.00
16.30	16.30	16.30	16.30
17.00	17.00	17.00	17.00
17.30	17.30	17.30	17.30
18.00	18.00	18.00	18.00
18.30	18.30	18.30	18.30
19.00	19.00	19.00	19.00
19.30	19.30	19.30	19.30
20.00	20.00	20.00	20.00
20.30	20.30	20.30	20.30

13. KW - März 2023

	27.3. Montag	28.3. Dienstag	29.3. Mittwoch
Name: Telefon:	9.00 9.30	9.00 9.30	9.00 9.30
Name: Telefon:	10.00 10.30 11.00	10.00 10.30 11.00	10.00 10.30 11.00
Name: Telefon:	11.30 12.00	11.30 12.00	11.30 12.00
Name: Telefon:	12.30 13.00	12.30 13.00	12.30 13.00
Name: Telefon:	13.30 14.00 14.30	13.30 14.00 14.30	13.30 14.00 14.30
Name: Telefon:	15.00 15.30	15.00 15.30	15.00 15.30
Name: Telefon:	16.00 16.30 17.00	16.00 16.30 17.00	16.00 16.30 17.00
Name: Telefon:	17.30 18.00	17.30 18.00	17.30 18.00
Name: Telefon:	18.30 19.00	18.30 19.00	18.30 19.00
Name: Telefon:	19.30 20.00 20.30	19.30 20.00 20.30	19.30 20.00 20.30

März 2023

30.3. Donnerstag	31.3. Freitag	1.4. Samstag	2.4. Sonntag

April 2023

30.3. Donnerstag	31.3. Freitag	1.4. Samstag	2.4. Sonntag
9.00	9.00	9.00	9.00
9.30	9.30	9.30	9.30
10.00	10.00	10.00	10.00
10.30	10.30	10.30	10.30
11.00	11.00	11.00	11.00
11.30	11.30	11.30	11.30
12.00	12.00	12.00	12.00
12.30	12.30	12.30	12.30
13.00	13.00	13.00	13.00
13.30	13.30	13.30	13.30
14.00	14.00	14.00	14.00
14.30	14.30	14.30	14.30
15.00	15.00	15.00	15.00
15.30	15.30	15.30	15.30
16.00	16.00	16.00	16.00
16.30	16.30	16.30	16.30
17.00	17.00	17.00	17.00
17.30	17.30	17.30	17.30
18.00	18.00	18.00	18.00
18.30	18.30	18.30	18.30
19.00	19.00	19.00	19.00
19.30	19.30	19.30	19.30
20.00	20.00	20.00	20.00
20.30	20.30	20.30	20.30

14. KW - April 2023

	3.4. Montag	4.4. Dienstag	5.4. Mittwoch
Name: Telefon:	9.00 9.30	9.00 9.30	9.00 9.30
Name: Telefon:	10.00 10.30	10.00 10.30	10.00 10.30
Name: Telefon:	11.00 11.30 12.00	11.00 11.30 12.00	11.00 11.30 12.00
Name: Telefon:	12.30 13.00	12.30 13.00	12.30 13.00
Name: Telefon:	13.30 14.00 14.30	13.30 14.00 14.30	13.30 14.00 14.30
Name: Telefon:	15.00 15.30	15.00 15.30	15.00 15.30
Name: Telefon:	16.00 16.30 17.00	16.00 16.30 17.00	16.00 16.30 17.00
Name: Telefon:	17.30 18.00	17.30 18.00	17.30 18.00
Name: Telefon:	18.30 19.00	18.30 19.00	18.30 19.00
Name: Telefon:	19.30 20.00 20.30	19.30 20.00 20.30	19.30 20.00 20.30

April 2023

6.4. Donnerstag	7.4. Freitag Karfreitag	8.4. Samstag	9.4. Sonntag Ostern
9.00	9.00	9.00	9.00
9.30	9.30	9.30	9.30
10.00	10.00	10.00	10.00
10.30	10.30	10.30	10.30
11.00	11.00	11.00	11.00
11.30	11.30	11.30	11.30
12.00	12.00	12.00	12.00
12.30	12.30	12.30	12.30
13.00	13.00	13.00	13.00
13.30	13.30	13.30	13.30
14.00	14.00	14.00	14.00
14.30	14.30	14.30	14.30
15.00	15.00	15.00	15.00
15.30	15.30	15.30	15.30
16.00	16.00	16.00	16.00
16.30	16.30	16.30	16.30
17.00	17.00	17.00	17.00
17.30	17.30	17.30	17.30
18.00	18.00	18.00	18.00
18.30	18.30	18.30	18.30
19.00	19.00	19.00	19.00
19.30	19.30	19.30	19.30
20.00	20.00	20.00	20.00
20.30	20.30	20.30	20.30

15. KW - April 2023

	10.4. Montag Ostermontag	11.4. Dienstag	12.4. Mittwoch
Name: Telefon:	9.00 9.30	9.00 9.30	9.00 9.30
Name: Telefon:	10.00 10.30	10.00 10.30	10.00 10.30
Name: Telefon:	11.00 11.30	11.00 11.30	11.00 11.30
Name: Telefon:	12.00 12.30	12.00 12.30	12.00 12.30
Name: Telefon:	13.00 13.30	13.00 13.30	13.00 13.30
Name: Telefon:	14.00 14.30	14.00 14.30	14.00 14.30
Name: Telefon:	15.00 15.30	15.00 15.30	15.00 15.30
Name: Telefon:	16.00 16.30	16.00 16.30	16.00 16.30
Name: Telefon:	17.00 17.30	17.00 17.30	17.00 17.30
Name: Telefon:	18.00 18.30	18.00 18.30	18.00 18.30
Name: Telefon:	19.00 19.30	19.00 19.30	19.00 19.30
Name: Telefon:	20.00 20.30	20.00 20.30	20.00 20.30

April 2023

13.4. Donnerstag	14.4. Freitag	**15.4.** **Samstag**	16.4. Sonntag
9.00	9.00	9.00	9.00
9.30	9.30	9.30	9.30
10.00	10.00	10.00	10.00
10.30	10.30	10.30	10.30
11.00	11.00	11.00	11.00
11.30	11.30	11.30	11.30
12.00	12.00	12.00	12.00
12.30	12.30	12.30	12.30
13.00	13.00	13.00	13.00
13.30	13.30	13.30	13.30
14.00	14.00	14.00	14.00
14.30	14.30	14.30	14.30
15.00	15.00	15.00	15.00
15.30	15.30	15.30	15.30
16.00	16.00	16.00	16.00
16.30	16.30	16.30	16.30
17.00	17.00	17.00	17.00
17.30	17.30	17.30	17.30
18.00	18.00	18.00	18.00
18.30	18.30	18.30	18.30
19.00	19.00	19.00	19.00
19.30	19.30	19.30	19.30
20.00	20.00	20.00	20.00
20.30	20.30	20.30	20.30

16. KW - April 2023

	17.4. Montag	18.4. Dienstag	19.4. Mittwoch
Name: Telefon:	9.00 9.30	9.00 9.30	9.00 9.30
Name: Telefon:	10.00 10.30 11.00	10.00 10.30 11.00	10.00 10.30 11.00
Name: Telefon:	11.30 12.00	11.30 12.00	11.30 12.00
Name: Telefon:	12.30 13.00	12.30 13.00	12.30 13.00
Name: Telefon:	13.30 14.00 14.30	13.30 14.00 14.30	13.30 14.00 14.30
Name: Telefon:	15.00 15.30	15.00 15.30	15.00 15.30
Name: Telefon:	16.00 16.30 17.00	16.00 16.30 17.00	16.00 16.30 17.00
Name: Telefon:	17.30 18.00	17.30 18.00	17.30 18.00
Name: Telefon:	18.30 19.00	18.30 19.00	18.30 19.00
Name: Telefon:	19.30 20.00 20.30	19.30 20.00 20.30	19.30 20.00 20.30

April 2023

20.4. Donnerstag	21.4. Freitag	**22.4.** **Samstag**	23.4. Sonntag
9.00	9.00	9.00	9.00
9.30	9.30	9.30	9.30
10.00	10.00	10.00	10.00
10.30	10.30	10.30	10.30
11.00	11.00	11.00	11.00
11.30	11.30	11.30	11.30
12.00	12.00	12.00	12.00
12.30	12.30	12.30	12.30
13.00	13.00	13.00	13.00
13.30	13.30	13.30	13.30
14.00	14.00	14.00	14.00
14.30	14.30	14.30	14.30
15.00	15.00	15.00	15.00
15.30	15.30	15.30	15.30
16.00	16.00	16.00	16.00
16.30	16.30	16.30	16.30
17.00	17.00	17.00	17.00
17.30	17.30	17.30	17.30
18.00	18.00	18.00	18.00
18.30	18.30	18.30	18.30
19.00	19.00	19.00	19.00
19.30	19.30	19.30	19.30
20.00	20.00	20.00	20.00
20.30	20.30	20.30	20.30

17. KW - April 2023

	24.4. Montag	25.4. Dienstag	26.4. Mittwoch
Name: Telefon:	9.00 9.30	9.00 9.30	9.00 9.30
Name: Telefon:	10.00 10.30 11.00	10.00 10.30 11.00	10.00 10.30 11.00
Name: Telefon:	11.30 12.00	11.30 12.00	11.30 12.00
Name: Telefon:	12.30 13.00	12.30 13.00	12.30 13.00
Name: Telefon:	13.30 14.00 14.30	13.30 14.00 14.30	13.30 14.00 14.30
Name: Telefon:	15.00 15.30	15.00 15.30	15.00 15.30
Name: Telefon:	16.00 16.30 17.00	16.00 16.30 17.00	16.00 16.30 17.00
Name: Telefon:	17.30 18.00	17.30 18.00	17.30 18.00
Name: Telefon:	18.30 19.00	18.30 19.00	18.30 19.00
Name: Telefon:	19.30 20.00 20.30	19.30 20.00 20.30	19.30 20.00 20.30

April 2023

27.4. Donnerstag	28.4. Freitag	**29.4.** **Samstag**	30.4. Sonntag
9.00	9.00	9.00	9.00
9.30	9.30	9.30	9.30
10.00	10.00	10.00	10.00
10.30	10.30	10.30	10.30
11.00	11.00	11.00	11.00
11.30	11.30	11.30	11.30
12.00	12.00	12.00	12.00
12.30	12.30	12.30	12.30
13.00	13.00	13.00	13.00
13.30	13.30	13.30	13.30
14.00	14.00	14.00	14.00
14.30	14.30	14.30	14.30
15.00	15.00	15.00	15.00
15.30	15.30	15.30	15.30
16.00	16.00	16.00	16.00
16.30	16.30	16.30	16.30
17.00	17.00	17.00	17.00
17.30	17.30	17.30	17.30
18.00	18.00	18.00	18.00
18.30	18.30	18.30	18.30
19.00	19.00	19.00	19.00
19.30	19.30	19.30	19.30
20.00	20.00	20.00	20.00
20.30	20.30	20.30	20.30

18. KW - Mai 2023

	1.5. Montag	2.5. Dienstag	3.5. Mittwoch
Name: Telefon:	Tag der Arbeit 9.00 9.30	9.00 9.30	9.00 9.30
Name: Telefon:	10.00 10.30 11.00	10.00 10.30 11.00	10.00 10.30 11.00
Name: Telefon:	11.30 12.00	11.30 12.00	11.30 12.00
Name: Telefon:	12.30 13.00	12.30 13.00	12.30 13.00
Name: Telefon:	13.30 14.00 14.30	13.30 14.00 14.30	13.30 14.00 14.30
Name: Telefon:	15.00 15.30	15.00 15.30	15.00 15.30
Name: Telefon:	16.00 16.30 17.00	16.00 16.30 17.00	16.00 16.30 17.00
Name: Telefon:	17.30 18.00	17.30 18.00	17.30 18.00
Name: Telefon:	18.30 19.00	18.30 19.00	18.30 19.00
Name: Telefon:	19.30 20.00 20.30	19.30 20.00 20.30	19.30 20.00 20.30

Mai 2023

4.5. Donnerstag	5.5. Freitag	6.5. **Samstag**	7.5. Sonntag
9.00	9.00	9.00	9.00
9.30	9.30	9.30	9.30
10.00	10.00	10.00	10.00
10.30	10.30	10.30	10.30
11.00	11.00	11.00	11.00
11.30	11.30	11.30	11.30
12.00	12.00	12.00	12.00
12.30	12.30	12.30	12.30
13.00	13.00	13.00	13.00
13.30	13.30	13.30	13.30
14.00	14.00	14.00	14.00
14.30	14.30	14.30	14.30
15.00	15.00	15.00	15.00
15.30	15.30	15.30	15.30
16.00	16.00	16.00	16.00
16.30	16.30	16.30	16.30
17.00	17.00	17.00	17.00
17.30	17.30	17.30	17.30
18.00	18.00	18.00	18.00
18.30	18.30	18.30	18.30
19.00	19.00	19.00	19.00
19.30	19.30	19.30	19.30
20.00	20.00	20.00	20.00
20.30	20.30	20.30	20.30

19. KW - Mai 2023

	8.5. Montag	9.5. Dienstag	10.5. Mittwoch
Name: Telefon:	9.00 9.30	9.00 9.30	9.00 9.30
Name: Telefon:	10.00 10.30 11.00	10.00 10.30 11.00	10.00 10.30 11.00
Name: Telefon:	11.30 12.00	11.30 12.00	11.30 12.00
Name: Telefon:	12.30 13.00	12.30 13.00	12.30 13.00
Name: Telefon:	13.30 14.00 14.30	13.30 14.00 14.30	13.30 14.00 14.30
Name: Telefon:	15.00 15.30	15.00 15.30	15.00 15.30
Name: Telefon:	16.00 16.30 17.00	16.00 16.30 17.00	16.00 16.30 17.00
Name: Telefon:	17.30 18.00	17.30 18.00	17.30 18.00
Name: Telefon:	18.30 19.00	18.30 19.00	18.30 19.00
Name: Telefon:	19.30 20.00 20.30	19.30 20.00 20.30	19.30 20.00 20.30

Mai 2023

11.5. Donnerstag	12.5. Freitag	**13.5.** **Samstag**	14.5. Sonntag
9.00	9.00	9.00	9.00
9.30	9.30	9.30	9.30
10.00	10.00	10.00	10.00
10.30	10.30	10.30	10.30
11.00	11.00	11.00	11.00
11.30	11.30	11.30	11.30
12.00	12.00	12.00	12.00
12.30	12.30	12.30	12.30
13.00	13.00	13.00	13.00
13.30	13.30	13.30	13.30
14.00	14.00	14.00	14.00
14.30	14.30	14.30	14.30
15.00	15.00	15.00	15.00
15.30	15.30	15.30	15.30
16.00	16.00	16.00	16.00
16.30	16.30	16.30	16.30
17.00	17.00	17.00	17.00
17.30	17.30	17.30	17.30
18.00	18.00	18.00	18.00
18.30	18.30	18.30	18.30
19.00	19.00	19.00	19.00
19.30	19.30	19.30	19.30
20.00	20.00	20.00	20.00
20.30	20.30	20.30	20.30

20. KW - Mai 2023

	15.5. Montag	16.5. Dienstag	17.5. Mittwoch
Name: Telefon:	9.00 9.30	9.00 9.30	9.00 9.30
Name: Telefon:	10.00 10.30 11.00	10.00 10.30 11.00	10.00 10.30 11.00
Name: Telefon:	11.30 12.00	11.30 12.00	11.30 12.00
Name: Telefon:	12.30 13.00	12.30 13.00	12.30 13.00
Name: Telefon:	13.30 14.00 14.30	13.30 14.00 14.30	13.30 14.00 14.30
Name: Telefon:	15.00 15.30	15.00 15.30	15.00 15.30
Name: Telefon:	16.00 16.30 17.00	16.00 16.30 17.00	16.00 16.30 17.00
Name: Telefon:	17.30 18.00	17.30 18.00	17.30 18.00
Name: Telefon:	18.30 19.00	18.30 19.00	18.30 19.00
Name: Telefon:	19.30 20.00 20.30	19.30 20.00 20.30	19.30 20.00 20.30

Mai 2023

18.5. Donnerstag	19.5. Freitag	20.5. Samstag	21.5. Sonntag
Christi Himmelfahrt			
9.00	9.00	9.00	9.00
9.30	9.30	9.30	9.30
10.00	10.00	10.00	10.00
10.30	10.30	10.30	10.30
11.00	11.00	11.00	11.00
11.30	11.30	11.30	11.30
12.00	12.00	12.00	12.00
12.30	12.30	12.30	12.30
13.00	13.00	13.00	13.00
13.30	13.30	13.30	13.30
14.00	14.00	14.00	14.00
14.30	14.30	14.30	14.30
15.00	15.00	15.00	15.00
15.30	15.30	15.30	15.30
16.00	16.00	16.00	16.00
16.30	16.30	16.30	16.30
17.00	17.00	17.00	17.00
17.30	17.30	17.30	17.30
18.00	18.00	18.00	18.00
18.30	18.30	18.30	18.30
19.00	19.00	19.00	19.00
19.30	19.30	19.30	19.30
20.00	20.00	20.00	20.00
20.30	20.30	20.30	20.30

21. KW - Mai 2023

	22.5. Montag	23.5. Dienstag	24.5. Mittwoch
Name: Telefon:	9.00 9.30	9.00 9.30	9.00 9.30
Name: Telefon:	10.00 10.30 11.00	10.00 10.30 11.00	10.00 10.30 11.00
Name: Telefon:	11.30 12.00	11.30 12.00	11.30 12.00
Name: Telefon:	12.30 13.00	12.30 13.00	12.30 13.00
Name: Telefon:	13.30 14.00 14.30	13.30 14.00 14.30	13.30 14.00 14.30
Name: Telefon:	15.00 15.30	15.00 15.30	15.00 15.30
Name: Telefon:	16.00 16.30 17.00	16.00 16.30 17.00	16.00 16.30 17.00
Name: Telefon:	17.30 18.00	17.30 18.00	17.30 18.00
Name: Telefon:	18.30 19.00	18.30 19.00	18.30 19.00
Name: Telefon:	19.30 20.00 20.30	19.30 20.00 20.30	19.30 20.00 20.30

Mai 2023

25.5. Donnerstag	26.5. Freitag	**27.5.** **Samstag**	28.5. Sonntag
9.00	9.00	9.00	Pfingsten 9.00
9.30	9.30	9.30	9.30
10.00	10.00	10.00	10.00
10.30	10.30	10.30	10.30
11.00	11.00	11.00	11.00
11.30	11.30	11.30	11.30
12.00	12.00	12.00	12.00
12.30	12.30	12.30	12.30
13.00	13.00	13.00	13.00
13.30	13.30	13.30	13.30
14.00	14.00	14.00	14.00
14.30	14.30	14.30	14.30
15.00	15.00	15.00	15.00
15.30	15.30	15.30	15.30
16.00	16.00	16.00	16.00
16.30	16.30	16.30	16.30
17.00	17.00	17.00	17.00
17.30	17.30	17.30	17.30
18.00	18.00	18.00	18.00
18.30	18.30	18.30	18.30
19.00	19.00	19.00	19.00
19.30	19.30	19.30	19.30
20.00	20.00	20.00	20.00
20.30	20.30	20.30	20.30

22. KW - Mai 2023

	29.5. Montag	30.5. Dienstag	31.5. Mittwoch
Name: Telefon:	Pfingstmontag 9.00 9.30	9.00 9.30	9.00 9.30
Name: Telefon:	10.00 10.30 11.00	10.00 10.30 11.00	10.00 10.30 11.00
Name: Telefon:	11.30 12.00	11.30 12.00	11.30 12.00
Name: Telefon:	12.30 13.00	12.30 13.00	12.30 13.00
Name: Telefon:	13.30 14.00 14.30	13.30 14.00 14.30	13.30 14.00 14.30
Name: Telefon:	15.00 15.30	15.00 15.30	15.00 15.30
Name: Telefon:	16.00 16.30 17.00	16.00 16.30 17.00	16.00 16.30 17.00
Name: Telefon:	17.30 18.00	17.30 18.00	17.30 18.00
Name: Telefon:	18.30 19.00	18.30 19.00	18.30 19.00
Name: Telefon:	19.30 20.00 20.30	19.30 20.00 20.30	19.30 20.00 20.30

Juni 2023

1.6. Donnerstag	2.6. Freitag	3.6. **Samstag**	4.6. Sonntag
9.00	9.00	9.00	9.00
9.30	9.30	9.30	9.30
10.00	10.00	10.00	10.00
10.30	10.30	10.30	10.30
11.00	11.00	11.00	11.00
11.30	11.30	11.30	11.30
12.00	12.00	12.00	12.00
12.30	12.30	12.30	12.30
13.00	13.00	13.00	13.00
13.30	13.30	13.30	13.30
14.00	14.00	14.00	14.00
14.30	14.30	14.30	14.30
15.00	15.00	15.00	15.00
15.30	15.30	15.30	15.30
16.00	16.00	16.00	16.00
16.30	16.30	16.30	16.30
17.00	17.00	17.00	17.00
17.30	17.30	17.30	17.30
18.00	18.00	18.00	18.00
18.30	18.30	18.30	18.30
19.00	19.00	19.00	19.00
19.30	19.30	19.30	19.30
20.00	20.00	20.00	20.00
20.30	20.30	20.30	20.30

23. KW - Juni 2023

	5.6. Montag	6.6. Dienstag	7.6. Mittwoch
Name: Telefon:	9.00 9.30	9.00 9.30	9.00 9.30
Name: Telefon:	10.00 10.30	10.00 10.30	10.00 10.30
Name: Telefon:	11.00 11.30 12.00	11.00 11.30 12.00	11.00 11.30 12.00
Name: Telefon:	12.30 13.00	12.30 13.00	12.30 13.00
Name: Telefon:	13.30 14.00 14.30	13.30 14.00 14.30	13.30 14.00 14.30
Name: Telefon:	15.00 15.30	15.00 15.30	15.00 15.30
Name: Telefon:	16.00 16.30 17.00	16.00 16.30 17.00	16.00 16.30 17.00
Name: Telefon:	17.30 18.00	17.30 18.00	17.30 18.00
Name: Telefon:	18.30 19.00	18.30 19.00	18.30 19.00
Name: Telefon:	19.30 20.00 20.30	19.30 20.00 20.30	19.30 20.00 20.30

Juni 2023

8.6. Donnerstag	9.6. Freitag	**10.6.** **Samstag**	11.6. Sonntag
9.00 Fronleichnam (Feiertag in Baden-Würt., Bayern, Hessen, NRW, Rheinland-Pfalz und Saarland)	9.00	9.00	9.00
9.30	9.30	9.30	9.30
10.00	10.00	10.00	10.00
10.30	10.30	10.30	10.30
11.00	11.00	11.00	11.00
11.30	11.30	11.30	11.30
12.00	12.00	12.00	12.00
12.30	12.30	12.30	12.30
13.00	13.00	13.00	13.00
13.30	13.30	13.30	13.30
14.00	14.00	14.00	14.00
14.30	14.30	14.30	14.30
15.00	15.00	15.00	15.00
15.30	15.30	15.30	15.30
16.00	16.00	16.00	16.00
16.30	16.30	16.30	16.30
17.00	17.00	17.00	17.00
17.30	17.30	17.30	17.30
18.00	18.00	18.00	18.00
18.30	18.30	18.30	18.30
19.00	19.00	19.00	19.00
19.30	19.30	19.30	19.30
20.00	20.00	20.00	20.00
20.30	20.30	20.30	20.30

24. KW - Juni 2023

	12.6. Montag	13.6. Dienstag	14.6. Mittwoch
Name: Telefon:	9.00 9.30	9.00 9.30	9.00 9.30
Name: Telefon:	10.00 10.30	10.00 10.30	10.00 10.30
Name: Telefon:	11.00 11.30 12.00	11.00 11.30 12.00	11.00 11.30 12.00
Name: Telefon:	12.30 13.00	12.30 13.00	12.30 13.00
Name: Telefon:	13.30 14.00 14.30	13.30 14.00 14.30	13.30 14.00 14.30
Name: Telefon:	15.00 15.30	15.00 15.30	15.00 15.30
Name: Telefon:	16.00 16.30 17.00	16.00 16.30 17.00	16.00 16.30 17.00
Name: Telefon:	17.30 18.00	17.30 18.00	17.30 18.00
Name: Telefon:	18.30 19.00	18.30 19.00	18.30 19.00
Name: Telefon:	19.30 20.00 20.30	19.30 20.00 20.30	19.30 20.00 20.30

Impressum: Harry Son - vertreten durch Harrison Labadi - Mühlenweg 2 - 26529 Rechtsupweg DE

Juni 2023

15.6. Donnerstag	16.6. Freitag	17.6. **Samstag**	18.6. Sonntag
9.00	9.00	9.00	9.00
9.30	9.30	9.30	9.30
10.00	10.00	10.00	10.00
10.30	10.30	10.30	10.30
11.00	11.00	11.00	11.00
11.30	11.30	11.30	11.30
12.00	12.00	12.00	12.00
12.30	12.30	12.30	12.30
13.00	13.00	13.00	13.00
13.30	13.30	13.30	13.30
14.00	14.00	14.00	14.00
14.30	14.30	14.30	14.30
15.00	15.00	15.00	15.00
15.30	15.30	15.30	15.30
16.00	16.00	16.00	16.00
16.30	16.30	16.30	16.30
17.00	17.00	17.00	17.00
17.30	17.30	17.30	17.30
18.00	18.00	18.00	18.00
18.30	18.30	18.30	18.30
19.00	19.00	19.00	19.00
19.30	19.30	19.30	19.30
20.00	20.00	20.00	20.00
20.30	20.30	20.30	20.30

25. KW - Juni 2023

	19.6. Montag	20.6. Dienstag	21.6. Mittwoch
Name: Telefon:	9.00 9.30	9.00 9.30	9.00 9.30
Name: Telefon:	10.00 10.30 11.00	10.00 10.30 11.00	10.00 10.30 11.00
Name: Telefon:	11.30 12.00	11.30 12.00	11.30 12.00
Name: Telefon:	12.30 13.00	12.30 13.00	12.30 13.00
Name: Telefon:	13.30 14.00 14.30	13.30 14.00 14.30	13.30 14.00 14.30
Name: Telefon:	15.00 15.30	15.00 15.30	15.00 15.30
Name: Telefon:	16.00 16.30 17.00	16.00 16.30 17.00	16.00 16.30 17.00
Name: Telefon:	17.30 18.00	17.30 18.00	17.30 18.00
Name: Telefon:	18.30 19.00	18.30 19.00	18.30 19.00
Name: Telefon:	19.30 20.00 20.30	19.30 20.00 20.30	19.30 20.00 20.30

Juni 2023

22.6. Donnerstag	23.6. Freitag	24.6. Samstag	25.6. Sonntag
9.00	9.00	9.00	9.00
9.30	9.30	9.30	9.30
10.00	10.00	10.00	10.00
10.30	10.30	10.30	10.30
11.00	11.00	11.00	11.00
11.30	11.30	11.30	11.30
12.00	12.00	12.00	12.00
12.30	12.30	12.30	12.30
13.00	13.00	13.00	13.00
13.30	13.30	13.30	13.30
14.00	14.00	14.00	14.00
14.30	14.30	14.30	14.30
15.00	15.00	15.00	15.00
15.30	15.30	15.30	15.30
16.00	16.00	16.00	16.00
16.30	16.30	16.30	16.30
17.00	17.00	17.00	17.00
17.30	17.30	17.30	17.30
18.00	18.00	18.00	18.00
18.30	18.30	18.30	18.30
19.00	19.00	19.00	19.00
19.30	19.30	19.30	19.30
20.00	20.00	20.00	20.00
20.30	20.30	20.30	20.30

26. KW - Juni 2023

	26.6. Montag	27.6. Dienstag	28.6. Mittwoch
Name: Telefon:	9.00 9.30	9.00 9.30	9.00 9.30
Name: Telefon:	10.00 10.30 11.00	10.00 10.30 11.00	10.00 10.30 11.00
Name: Telefon:	11.30 12.00	11.30 12.00	11.30 12.00
Name: Telefon:	12.30 13.00	12.30 13.00	12.30 13.00
Name: Telefon:	13.30 14.00 14.30	13.30 14.00 14.30	13.30 14.00 14.30
Name: Telefon:	15.00 15.30	15.00 15.30	15.00 15.30
Name: Telefon:	16.00 16.30 17.00	16.00 16.30 17.00	16.00 16.30 17.00
Name: Telefon:	17.30 18.00	17.30 18.00	17.30 18.00
Name: Telefon:	18.30 19.00	18.30 19.00	18.30 19.00
Name: Telefon:	19.30 20.00 20.30	19.30 20.00 20.30	19.30 20.00 20.30

Juni 2023		Juli 2023	
29.6.	**30.6.**	**1.7.**	2.7.
Donnerstag	Freitag	**Samstag**	Sonntag
9.00	9.00	9.00	9.00
9.30	9.30	9.30	9.30
10.00	10.00	10.00	10.00
10.30	10.30	10.30	10.30
11.00	11.00	11.00	11.00
11.30	11.30	11.30	11.30
12.00	12.00	12.00	12.00
12.30	12.30	12.30	12.30
13.00	13.00	13.00	13.00
13.30	13.30	13.30	13.30
14.00	14.00	14.00	14.00
14.30	14.30	14.30	14.30
15.00	15.00	15.00	15.00
15.30	15.30	15.30	15.30
16.00	16.00	16.00	16.00
16.30	16.30	16.30	16.30
17.00	17.00	17.00	17.00
17.30	17.30	17.30	17.30
18.00	18.00	18.00	18.00
18.30	18.30	18.30	18.30
19.00	19.00	19.00	19.00
19.30	19.30	19.30	19.30
20.00	20.00	20.00	20.00
20.30	20.30	20.30	20.30

27. KW - Juli 2023

	3.7. Montag	4.7. Dienstag	5.7. Mittwoch
Name: Telefon:	9.00 9.30	9.00 9.30	9.00 9.30
Name: Telefon:	10.00 10.30 11.00	10.00 10.30 11.00	10.00 10.30 11.00
Name: Telefon:	11.30 12.00	11.30 12.00	11.30 12.00
Name: Telefon:	12.30 13.00	12.30 13.00	12.30 13.00
Name: Telefon:	13.30 14.00 14.30	13.30 14.00 14.30	13.30 14.00 14.30
Name: Telefon:	15.00 15.30	15.00 15.30	15.00 15.30
Name: Telefon:	16.00 16.30 17.00	16.00 16.30 17.00	16.00 16.30 17.00
Name: Telefon:	17.30 18.00	17.30 18.00	17.30 18.00
Name: Telefon:	18.30 19.00	18.30 19.00	18.30 19.00
Name: Telefon:	19.30 20.00 20.30	19.30 20.00 20.30	19.30 20.00 20.30

Juli 2023

6.7. Donnerstag	7.7. Freitag	**8.7.** **Samstag**	9.7. Sonntag
9.00	9.00	9.00	9.00
9.30	9.30	9.30	9.30
10.00	10.00	10.00	10.00
10.30	10.30	10.30	10.30
11.00	11.00	11.00	11.00
11.30	11.30	11.30	11.30
12.00	12.00	12.00	12.00
12.30	12.30	12.30	12.30
13.00	13.00	13.00	13.00
13.30	13.30	13.30	13.30
14.00	14.00	14.00	14.00
14.30	14.30	14.30	14.30
15.00	15.00	15.00	15.00
15.30	15.30	15.30	15.30
16.00	16.00	16.00	16.00
16.30	16.30	16.30	16.30
17.00	17.00	17.00	17.00
17.30	17.30	17.30	17.30
18.00	18.00	18.00	18.00
18.30	18.30	18.30	18.30
19.00	19.00	19.00	19.00
19.30	19.30	19.30	19.30
20.00	20.00	20.00	20.00
20.30	20.30	20.30	20.30

28. KW - Juli 2023

	10.7. Montag	11.7. Dienstag	12.7. Mittwoch
Name: Telefon:	9.00 9.30	9.00 9.30	9.00 9.30
Name: Telefon:	10.00 10.30	10.00 10.30	10.00 10.30
Name: Telefon:	11.00 11.30 12.00	11.00 11.30 12.00	11.00 11.30 12.00
Name: Telefon:	12.30 13.00	12.30 13.00	12.30 13.00
Name: Telefon:	13.30 14.00 14.30	13.30 14.00 14.30	13.30 14.00 14.30
Name: Telefon:	15.00 15.30	15.00 15.30	15.00 15.30
Name: Telefon:	16.00 16.30 17.00	16.00 16.30 17.00	16.00 16.30 17.00
Name: Telefon:	17.30 18.00	17.30 18.00	17.30 18.00
Name: Telefon:	18.30 19.00	18.30 19.00	18.30 19.00
Name: Telefon:	19.30 20.00 20.30	19.30 20.00 20.30	19.30 20.00 20.30

Juli 2023

13.7. Donnerstag	14.7. Freitag	15.7. **Samstag**	16.7. Sonntag
9.00	9.00	9.00	9.00
9.30	9.30	9.30	9.30
10.00	10.00	10.00	10.00
10.30	10.30	10.30	10.30
11.00	11.00	11.00	11.00
11.30	11.30	11.30	11.30
12.00	12.00	12.00	12.00
12.30	12.30	12.30	12.30
13.00	13.00	13.00	13.00
13.30	13.30	13.30	13.30
14.00	14.00	14.00	14.00
14.30	14.30	14.30	14.30
15.00	15.00	15.00	15.00
15.30	15.30	15.30	15.30
16.00	16.00	16.00	16.00
16.30	16.30	16.30	16.30
17.00	17.00	17.00	17.00
17.30	17.30	17.30	17.30
18.00	18.00	18.00	18.00
18.30	18.30	18.30	18.30
19.00	19.00	19.00	19.00
19.30	19.30	19.30	19.30
20.00	20.00	20.00	20.00
20.30	20.30	20.30	20.30

29. KW - Juli 2023

	17.7. Montag	18.7. Dienstag	19.7. Mittwoch
Name: Telefon:	9.00 9.30	9.00 9.30	9.00 9.30
Name: Telefon:	10.00 10.30 11.00	10.00 10.30 11.00	10.00 10.30 11.00
Name: Telefon:	11.30 12.00	11.30 12.00	11.30 12.00
Name: Telefon:	12.30 13.00	12.30 13.00	12.30 13.00
Name: Telefon:	13.30 14.00 14.30	13.30 14.00 14.30	13.30 14.00 14.30
Name: Telefon:	15.00 15.30	15.00 15.30	15.00 15.30
Name: Telefon:	16.00 16.30 17.00	16.00 16.30 17.00	16.00 16.30 17.00
Name: Telefon:	17.30 18.00	17.30 18.00	17.30 18.00
Name: Telefon:	18.30 19.00	18.30 19.00	18.30 19.00
Name: Telefon:	19.30 20.00 20.30	19.30 20.00 20.30	19.30 20.00 20.30

Juli 2023

20.7. Donnerstag	21.7. Freitag	**22.7.** **Samstag**	23.7. Sonntag
9.00	9.00	9.00	9.00
9.30	9.30	9.30	9.30
10.00	10.00	10.00	10.00
10.30	10.30	10.30	10.30
11.00	11.00	11.00	11.00
11.30	11.30	11.30	11.30
12.00	12.00	12.00	12.00
12.30	12.30	12.30	12.30
13.00	13.00	13.00	13.00
13.30	13.30	13.30	13.30
14.00	14.00	14.00	14.00
14.30	14.30	14.30	14.30
15.00	15.00	15.00	15.00
15.30	15.30	15.30	15.30
16.00	16.00	16.00	16.00
16.30	16.30	16.30	16.30
17.00	17.00	17.00	17.00
17.30	17.30	17.30	17.30
18.00	18.00	18.00	18.00
18.30	18.30	18.30	18.30
19.00	19.00	19.00	19.00
19.30	19.30	19.30	19.30
20.00	20.00	20.00	20.00
20.30	20.30	20.30	20.30

30. KW - Juli 2023

	24.7. Montag	25.7. Dienstag	26.7. Mittwoch
Name: Telefon:	9.00 9.30	9.00 9.30	9.00 9.30
Name: Telefon:	10.00 10.30 11.00	10.00 10.30 11.00	10.00 10.30 11.00
Name: Telefon:	11.30 12.00	11.30 12.00	11.30 12.00
Name: Telefon:	12.30 13.00	12.30 13.00	12.30 13.00
Name: Telefon:	13.30 14.00 14.30	13.30 14.00 14.30	13.30 14.00 14.30
Name: Telefon:	15.00 15.30	15.00 15.30	15.00 15.30
Name: Telefon:	16.00 16.30 17.00	16.00 16.30 17.00	16.00 16.30 17.00
Name: Telefon:	17.30 18.00	17.30 18.00	17.30 18.00
Name: Telefon:	18.30 19.00	18.30 19.00	18.30 19.00
Name: Telefon:	19.30 20.00 20.30	19.30 20.00 20.30	19.30 20.00 20.30

Juli 2023

27.7. Donnerstag	28.7. Freitag	29.7. Samstag	30.7. Sonntag
9.00	9.00	9.00	9.00
9.30	9.30	9.30	9.30
10.00	10.00	10.00	10.00
10.30	10.30	10.30	10.30
11.00	11.00	11.00	11.00
11.30	11.30	11.30	11.30
12.00	12.00	12.00	12.00
12.30	12.30	12.30	12.30
13.00	13.00	13.00	13.00
13.30	13.30	13.30	13.30
14.00	14.00	14.00	14.00
14.30	14.30	14.30	14.30
15.00	15.00	15.00	15.00
15.30	15.30	15.30	15.30
16.00	16.00	16.00	16.00
16.30	16.30	16.30	16.30
17.00	17.00	17.00	17.00
17.30	17.30	17.30	17.30
18.00	18.00	18.00	18.00
18.30	18.30	18.30	18.30
19.00	19.00	19.00	19.00
19.30	19.30	19.30	19.30
20.00	20.00	20.00	20.00
20.30	20.30	20.30	20.30

31. KW Juli 2023 - August 2023

	31.7. Montag	1.8. Dienstag	2.8. Mittwoch
Name: Telefon:	9.00 9.30	9.00 9.30	9.00 9.30
Name: Telefon:	10.00 10.30	10.00 10.30	10.00 10.30
Name: Telefon:	11.00 11.30 12.00	11.00 11.30 12.00	11.00 11.30 12.00
Name: Telefon:	12.30 13.00	12.30 13.00	12.30 13.00
Name: Telefon:	13.30 14.00 14.30	13.30 14.00 14.30	13.30 14.00 14.30
Name: Telefon:	15.00 15.30	15.00 15.30	15.00 15.30
Name: Telefon:	16.00 16.30 17.00	16.00 16.30 17.00	16.00 16.30 17.00
Name: Telefon:	17.30 18.00	17.30 18.00	17.30 18.00
Name: Telefon:	18.30 19.00	18.30 19.00	18.30 19.00
Name: Telefon:	19.30 20.00 20.30	19.30 20.00 20.30	19.30 20.00 20.30

August 2023

3.8. Donnerstag	4.8. Freitag	**5.8.** **Samstag**	6.8. Sonntag
9.00	9.00	9.00	9.00
9.30	9.30	9.30	9.30
10.00	10.00	10.00	10.00
10.30	10.30	10.30	10.30
11.00	11.00	11.00	11.00
11.30	11.30	11.30	11.30
12.00	12.00	12.00	12.00
12.30	12.30	12.30	12.30
13.00	13.00	13.00	13.00
13.30	13.30	13.30	13.30
14.00	14.00	14.00	14.00
14.30	14.30	14.30	14.30
15.00	15.00	15.00	15.00
15.30	15.30	15.30	15.30
16.00	16.00	16.00	16.00
16.30	16.30	16.30	16.30
17.00	17.00	17.00	17.00
17.30	17.30	17.30	17.30
18.00	18.00	18.00	18.00
18.30	18.30	18.30	18.30
19.00	19.00	19.00	19.00
19.30	19.30	19.30	19.30
20.00	20.00	20.00	20.00
20.30	20.30	20.30	20.30

32. KW - August 2023

	7.8. Montag	8.8. Dienstag	9.8. Mittwoch
Name: Telefon:	9.00 9.30	9.00 9.30	9.00 9.30
Name: Telefon:	10.00 10.30 11.00	10.00 10.30 11.00	10.00 10.30 11.00
Name: Telefon:	11.30 12.00	11.30 12.00	11.30 12.00
Name: Telefon:	12.30 13.00	12.30 13.00	12.30 13.00
Name: Telefon:	13.30 14.00 14.30	13.30 14.00 14.30	13.30 14.00 14.30
Name: Telefon:	15.00 15.30	15.00 15.30	15.00 15.30
Name: Telefon:	16.00 16.30 17.00	16.00 16.30 17.00	16.00 16.30 17.00
Name: Telefon:	17.30 18.00	17.30 18.00	17.30 18.00
Name: Telefon:	18.30 19.00	18.30 19.00	18.30 19.00
Name: Telefon:	19.30 20.00 20.30	19.30 20.00 20.30	19.30 20.00 20.30

August 2023

10.8. Donnerstag	11.8. Freitag	12.8. **Samstag**	13.8. Sonntag
9.00	9.00	9.00	9.00
9.30	9.30	9.30	9.30
10.00	10.00	10.00	10.00
10.30	10.30	10.30	10.30
11.00	11.00	11.00	11.00
11.30	11.30	11.30	11.30
12.00	12.00	12.00	12.00
12.30	12.30	12.30	12.30
13.00	13.00	13.00	13.00
13.30	13.30	13.30	13.30
14.00	14.00	14.00	14.00
14.30	14.30	14.30	14.30
15.00	15.00	15.00	15.00
15.30	15.30	15.30	15.30
16.00	16.00	16.00	16.00
16.30	16.30	16.30	16.30
17.00	17.00	17.00	17.00
17.30	17.30	17.30	17.30
18.00	18.00	18.00	18.00
18.30	18.30	18.30	18.30
19.00	19.00	19.00	19.00
19.30	19.30	19.30	19.30
20.00	20.00	20.00	20.00
20.30	20.30	20.30	20.30

33. KW - August 2023

	14.8. Montag	15.8. Dienstag	16.8. Mittwoch
Name:	9.00	9.00 Mariä Himmelfahrt (Feiertag in Bayern, kath. Gebiete und Saarland)	9.00
Telefon:	9.30	9.30	9.30
Name:	10.00	10.00	10.00
Telefon:	10.30	10.30	10.30
	11.00	11.00	11.00
Name:	11.30	11.30	11.30
Telefon:	12.00	12.00	12.00
Name:	12.30	12.30	12.30
Telefon:	13.00	13.00	13.00
Name:	13.30	13.30	13.30
Telefon:	14.00	14.00	14.00
	14.30	14.30	14.30
Name:	15.00	15.00	15.00
Telefon:	15.30	15.30	15.30
Name:	16.00	16.00	16.00
Telefon:	16.30	16.30	16.30
	17.00	17.00	17.00
Name:	17.30	17.30	17.30
Telefon:	18.00	18.00	18.00
Name:	18.30	18.30	18.30
Telefon:	19.00	19.00	19.00
Name:	19.30	19.30	19.30
Telefon:	20.00	20.00	20.00
	20.30	20.30	20.30

August 2023

17.8. Donnerstag	18.8. Freitag	19.8. Samstag	20.8. Sonntag
9.00	9.00	9.00	9.00
9.30	9.30	9.30	9.30
10.00	10.00	10.00	10.00
10.30	10.30	10.30	10.30
11.00	11.00	11.00	11.00
11.30	11.30	11.30	11.30
12.00	12.00	12.00	12.00
12.30	12.30	12.30	12.30
13.00	13.00	13.00	13.00
13.30	13.30	13.30	13.30
14.00	14.00	14.00	14.00
14.30	14.30	14.30	14.30
15.00	15.00	15.00	15.00
15.30	15.30	15.30	15.30
16.00	16.00	16.00	16.00
16.30	16.30	16.30	16.30
17.00	17.00	17.00	17.00
17.30	17.30	17.30	17.30
18.00	18.00	18.00	18.00
18.30	18.30	18.30	18.30
19.00	19.00	19.00	19.00
19.30	19.30	19.30	19.30
20.00	20.00	20.00	20.00
20.30	20.30	20.30	20.30

34. KW - August 2023

	21.8. Montag	22.8. Dienstag	23.8. Mittwoch
Name: Telefon:	9.00 9.30	9.00 9.30	9.00 9.30
Name: Telefon:	10.00 10.30 11.00	10.00 10.30 11.00	10.00 10.30 11.00
Name: Telefon:	11.30 12.00	11.30 12.00	11.30 12.00
Name: Telefon:	12.30 13.00	12.30 13.00	12.30 13.00
Name: Telefon:	13.30 14.00 14.30	13.30 14.00 14.30	13.30 14.00 14.30
Name: Telefon:	15.00 15.30	15.00 15.30	15.00 15.30
Name: Telefon:	16.00 16.30 17.00	16.00 16.30 17.00	16.00 16.30 17.00
Name: Telefon:	17.30 18.00	17.30 18.00	17.30 18.00
Name: Telefon:	18.30 19.00	18.30 19.00	18.30 19.00
Name: Telefon:	19.30 20.00 20.30	19.30 20.00 20.30	19.30 20.00 20.30

August 2023

24.8. Donnerstag	25.8. Freitag	**26.8.** **Samstag**	27.8. Sonntag
9.00	9.00	9.00	9.00
9.30	9.30	9.30	9.30
10.00	10.00	10.00	10.00
10.30	10.30	10.30	10.30
11.00	11.00	11.00	11.00
11.30	11.30	11.30	11.30
12.00	12.00	12.00	12.00
12.30	12.30	12.30	12.30
13.00	13.00	13.00	13.00
13.30	13.30	13.30	13.30
14.00	14.00	14.00	14.00
14.30	14.30	14.30	14.30
15.00	15.00	15.00	15.00
15.30	15.30	15.30	15.30
16.00	16.00	16.00	16.00
16.30	16.30	16.30	16.30
17.00	17.00	17.00	17.00
17.30	17.30	17.30	17.30
18.00	18.00	18.00	18.00
18.30	18.30	18.30	18.30
19.00	19.00	19.00	19.00
19.30	19.30	19.30	19.30
20.00	20.00	20.00	20.00
20.30	20.30	20.30	20.30

35. KW - August 2023

	28.8. Montag	29.8. Dienstag	30.8. Mittwoch
Name: Telefon:	9.00 9.30	9.00 9.30	9.00 9.30
Name: Telefon:	10.00 10.30 11.00	10.00 10.30 11.00	10.00 10.30 11.00
Name: Telefon:	11.30 12.00	11.30 12.00	11.30 12.00
Name: Telefon:	12.30 13.00	12.30 13.00	12.30 13.00
Name: Telefon:	13.30 14.00 14.30	13.30 14.00 14.30	13.30 14.00 14.30
Name: Telefon:	15.00 15.30	15.00 15.30	15.00 15.30
Name: Telefon:	16.00 16.30 17.00	16.00 16.30 17.00	16.00 16.30 17.00
Name: Telefon:	17.30 18.00	17.30 18.00	17.30 18.00
Name: Telefon:	18.30 19.00	18.30 19.00	18.30 19.00
Name: Telefon:	19.30 20.00 20.30	19.30 20.00 20.30	19.30 20.00 20.30

August - September 2023

31.8. Donnerstag	01.9. Freitag	02.9. Samstag	03.9. Sonntag
9.00	9.00	9.00	9.00
9.30	9.30	9.30	9.30
10.00	10.00	10.00	10.00
10.30	10.30	10.30	10.30
11.00	11.00	11.00	11.00
11.30	11.30	11.30	11.30
12.00	12.00	12.00	12.00
12.30	12.30	12.30	12.30
13.00	13.00	13.00	13.00
13.30	13.30	13.30	13.30
14.00	14.00	14.00	14.00
14.30	14.30	14.30	14.30
15.00	15.00	15.00	15.00
15.30	15.30	15.30	15.30
16.00	16.00	16.00	16.00
16.30	16.30	16.30	16.30
17.00	17.00	17.00	17.00
17.30	17.30	17.30	17.30
18.00	18.00	18.00	18.00
18.30	18.30	18.30	18.30
19.00	19.00	19.00	19.00
19.30	19.30	19.30	19.30
20.00	20.00	20.00	20.00
20.30	20.30	20.30	20.30

36. KW - September 2023

	4.9. Montag	5.9. Dienstag	6.9. Mittwoch
Name: **Telefon:**	9.00 9.30	9.00 9.30	9.00 9.30
Name: **Telefon:**	10.00 10.30 11.00	10.00 10.30 11.00	10.00 10.30 11.00
Name: **Telefon:**	11.30 12.00	11.30 12.00	11.30 12.00
Name: **Telefon:**	12.30 13.00	12.30 13.00	12.30 13.00
Name: **Telefon:**	13.30 14.00 14.30	13.30 14.00 14.30	13.30 14.00 14.30
Name: **Telefon:**	15.00 15.30	15.00 15.30	15.00 15.30
Name: **Telefon:**	16.00 16.30 17.00	16.00 16.30 17.00	16.00 16.30 17.00
Name: **Telefon:**	17.30 18.00	17.30 18.00	17.30 18.00
Name: **Telefon:**	18.30 19.00	18.30 19.00	18.30 19.00
Name: **Telefon:**	19.30 20.00 20.30	19.30 20.00 20.30	19.30 20.00 20.30

September 2023

7.9. Donnerstag	8.9. Freitag	**9.9.** **Samstag**	10.9. Sonntag
9.00	9.00	9.00	9.00
9.30	9.30	9.30	9.30
10.00	10.00	10.00	10.00
10.30	10.30	10.30	10.30
11.00	11.00	11.00	11.00
11.30	11.30	11.30	11.30
12.00	12.00	12.00	12.00
12.30	12.30	12.30	12.30
13.00	13.00	13.00	13.00
13.30	13.30	13.30	13.30
14.00	14.00	14.00	14.00
14.30	14.30	14.30	14.30
15.00	15.00	15.00	15.00
15.30	15.30	15.30	15.30
16.00	16.00	16.00	16.00
16.30	16.30	16.30	16.30
17.00	17.00	17.00	17.00
17.30	17.30	17.30	17.30
18.00	18.00	18.00	18.00
18.30	18.30	18.30	18.30
19.00	19.00	19.00	19.00
19.30	19.30	19.30	19.30
20.00	20.00	20.00	20.00
20.30	20.30	20.30	20.30

37. KW - September 2023

	11.9. Montag	12.9. Dienstag	13.9. Mittwoch
Name: Telefon:	9.00 9.30	9.00 9.30	9.00 9.30
Name: Telefon:	10.00 10.30 11.00	10.00 10.30 11.00	10.00 10.30 11.00
Name: Telefon:	11.30 12.00	11.30 12.00	11.30 12.00
Name: Telefon:	12.30 13.00	12.30 13.00	12.30 13.00
Name: Telefon:	13.30 14.00 14.30	13.30 14.00 14.30	13.30 14.00 14.30
Name: Telefon:	15.00 15.30	15.00 15.30	15.00 15.30
Name: Telefon:	16.00 16.30 17.00	16.00 16.30 17.00	16.00 16.30 17.00
Name: Telefon:	17.30 18.00	17.30 18.00	17.30 18.00
Name: Telefon:	18.30 19.00	18.30 19.00	18.30 19.00
Name: Telefon:	19.30 20.00 20.30	19.30 20.00 20.30	19.30 20.00 20.30

September 2023

14.9. Donnerstag	15.9. Freitag	**16.9.** **Samstag**	17.9. Sonntag
9.00	9.00	9.00	9.00
9.30	9.30	9.30	9.30
10.00	10.00	10.00	10.00
10.30	10.30	10.30	10.30
11.00	11.00	11.00	11.00
11.30	11.30	11.30	11.30
12.00	12.00	12.00	12.00
12.30	12.30	12.30	12.30
13.00	13.00	13.00	13.00
13.30	13.30	13.30	13.30
14.00	14.00	14.00	14.00
14.30	14.30	14.30	14.30
15.00	15.00	15.00	15.00
15.30	15.30	15.30	15.30
16.00	16.00	16.00	16.00
16.30	16.30	16.30	16.30
17.00	17.00	17.00	17.00
17.30	17.30	17.30	17.30
18.00	18.00	18.00	18.00
18.30	18.30	18.30	18.30
19.00	19.00	19.00	19.00
19.30	19.30	19.30	19.30
20.00	20.00	20.00	20.00
20.30	20.30	20.30	20.30

38. KW - September 2023

	18.9. Montag	19.9. Dienstag	20.9. Mittwoch
			Weltkindertag (Feiertag in Thüringen)
Name: Telefon:	9.00 9.30	9.00 9.30	9.00 9.30
Name: Telefon:	10.00 10.30	10.00 10.30	10.00 10.30
Name: Telefon:	11.00 11.30 12.00	11.00 11.30 12.00	11.00 11.30 12.00
Name: Telefon:	12.30 13.00	12.30 13.00	12.30 13.00
Name: Telefon:	13.30 14.00 14.30	13.30 14.00 14.30	13.30 14.00 14.30
Name: Telefon:	15.00 15.30	15.00 15.30	15.00 15.30
Name: Telefon:	16.00 16.30 17.00	16.00 16.30 17.00	16.00 16.30 17.00
Name: Telefon:	17.30 18.00	17.30 18.00	17.30 18.00
Name: Telefon:	18.30 19.00	18.30 19.00	18.30 19.00
Name: Telefon:	19.30 20.00 20.30	19.30 20.00 20.30	19.30 20.00 20.30

September 2023

21.9. Donnerstag	22.9. Freitag	**23.9.** **Samstag**	24.9. Sonntag
9.00	9.00	9.00	9.00
9.30	9.30	9.30	9.30
10.00	10.00	10.00	10.00
10.30	10.30	10.30	10.30
11.00	11.00	11.00	11.00
11.30	11.30	11.30	11.30
12.00	12.00	12.00	12.00
12.30	12.30	12.30	12.30
13.00	13.00	13.00	13.00
13.30	13.30	13.30	13.30
14.00	14.00	14.00	14.00
14.30	14.30	14.30	14.30
15.00	15.00	15.00	15.00
15.30	15.30	15.30	15.30
16.00	16.00	16.00	16.00
16.30	16.30	16.30	16.30
17.00	17.00	17.00	17.00
17.30	17.30	17.30	17.30
18.00	18.00	18.00	18.00
18.30	18.30	18.30	18.30
19.00	19.00	19.00	19.00
19.30	19.30	19.30	19.30
20.00	20.00	20.00	20.00
20.30	20.30	20.30	20.30

39. KW - September 2023

	25.9. Montag	26.9. Dienstag	27.9. Mittwoch
Name: Telefon:	9.00 9.30	9.00 9.30	9.00 9.30
Name: Telefon:	10.00 10.30	10.00 10.30	10.00 10.30
Name: Telefon:	11.00 11.30 12.00	11.00 11.30 12.00	11.00 11.30 12.00
Name: Telefon:	12.30 13.00	12.30 13.00	12.30 13.00
Name: Telefon:	13.30 14.00 14.30	13.30 14.00 14.30	13.30 14.00 14.30
Name: Telefon:	15.00 15.30	15.00 15.30	15.00 15.30
Name: Telefon:	16.00 16.30 17.00	16.00 16.30 17.00	16.00 16.30 17.00
Name: Telefon:	17.30 18.00	17.30 18.00	17.30 18.00
Name: Telefon:	18.30 19.00	18.30 19.00	18.30 19.00
Name: Telefon:	19.30 20.00 20.30	19.30 20.00 20.30	19.30 20.00 20.30

September 2023		- Oktober 2023	
28.9.	29.9.	**30.9.**	1.10.
Donnerstag	Freitag	**Samstag**	Sonntag
9.00	9.00	9.00	9.00
9.30	9.30	9.30	9.30
10.00	10.00	10.00	10.00
10.30	10.30	10.30	10.30
11.00	11.00	11.00	11.00
11.30	11.30	11.30	11.30
12.00	12.00	12.00	12.00
12.30	12.30	12.30	12.30
13.00	13.00	13.00	13.00
13.30	13.30	13.30	13.30
14.00	14.00	14.00	14.00
14.30	14.30	14.30	14.30
15.00	15.00	15.00	15.00
15.30	15.30	15.30	15.30
16.00	16.00	16.00	16.00
16.30	16.30	16.30	16.30
17.00	17.00	17.00	17.00
17.30	17.30	17.30	17.30
18.00	18.00	18.00	18.00
18.30	18.30	18.30	18.30
19.00	19.00	19.00	19.00
19.30	19.30	19.30	19.30
20.00	20.00	20.00	20.00
20.30	20.30	20.30	20.30

40. KW - Oktober 2023

	2.10. Montag	3.10. Dienstag	4.10. Mittwoch
Name: Telefon:	9.00 9.30	9.00 Tag der deut- schen Einheit 9.30	9.00 9.30
Name: Telefon:	10.00 10.30 11.00	10.00 10.30 11.00	10.00 10.30 11.00
Name: Telefon:	11.30 12.00	11.30 12.00	11.30 12.00
Name: Telefon:	12.30 13.00	12.30 13.00	12.30 13.00
Name: Telefon:	13.30 14.00 14.30	13.30 14.00 14.30	13.30 14.00 14.30
Name: Telefon:	15.00 15.30	15.00 15.30	15.00 15.30
Name: Telefon:	16.00 16.30 17.00	16.00 16.30 17.00	16.00 16.30 17.00
Name: Telefon:	17.30 18.00	17.30 18.00	17.30 18.00
Name: Telefon:	18.30 19.00	18.30 19.00	18.30 19.00
Name: Telefon:	19.30 20.00 20.30	19.30 20.00 20.30	19.30 20.00 20.30

Oktober 2023

5.10. Donnerstag	6.10. Freitag	**7.10.** **Samstag**	8.10. Sonntag
9.00	9.00	9.00	9.00
9.30	9.30	9.30	9.30
10.00	10.00	10.00	10.00
10.30	10.30	10.30	10.30
11.00	11.00	11.00	11.00
11.30	11.30	11.30	11.30
12.00	12.00	12.00	12.00
12.30	12.30	12.30	12.30
13.00	13.00	13.00	13.00
13.30	13.30	13.30	13.30
14.00	14.00	14.00	14.00
14.30	14.30	14.30	14.30
15.00	15.00	15.00	15.00
15.30	15.30	15.30	15.30
16.00	16.00	16.00	16.00
16.30	16.30	16.30	16.30
17.00	17.00	17.00	17.00
17.30	17.30	17.30	17.30
18.00	18.00	18.00	18.00
18.30	18.30	18.30	18.30
19.00	19.00	19.00	19.00
19.30	19.30	19.30	19.30
20.00	20.00	20.00	20.00
20.30	20.30	20.30	20.30

41. KW - Oktober 2023

	9.10. Montag	10.10. Dienstag	11.10. Mittwoch
Name: Telefon:	9.00 9.30	9.00 9.30	9.00 9.30
Name: Telefon:	10.00 10.30	10.00 10.30	10.00 10.30
Name: Telefon:	11.00 11.30 12.00	11.00 11.30 12.00	11.00 11.30 12.00
Name: Telefon:	12.30 13.00	12.30 13.00	12.30 13.00
Name: Telefon:	13.30 14.00 14.30	13.30 14.00 14.30	13.30 14.00 14.30
Name: Telefon:	15.00 15.30	15.00 15.30	15.00 15.30
Name: Telefon:	16.00 16.30 17.00	16.00 16.30 17.00	16.00 16.30 17.00
Name: Telefon:	17.30 18.00	17.30 18.00	17.30 18.00
Name: Telefon:	18.30 19.00	18.30 19.00	18.30 19.00
Name: Telefon:	19.30 20.00 20.30	19.30 20.00 20.30	19.30 20.00 20.30

Oktober 2023

12.10. Donnerstag	13.10. Freitag	**14.10.** **Samstag**	15.10. Sonntag
9.00	9.00	9.00	9.00
9.30	9.30	9.30	9.30
10.00	10.00	10.00	10.00
10.30	10.30	10.30	10.30
11.00	11.00	11.00	11.00
11.30	11.30	11.30	11.30
12.00	12.00	12.00	12.00
12.30	12.30	12.30	12.30
13.00	13.00	13.00	13.00
13.30	13.30	13.30	13.30
14.00	14.00	14.00	14.00
14.30	14.30	14.30	14.30
15.00	15.00	15.00	15.00
15.30	15.30	15.30	15.30
16.00	16.00	16.00	16.00
16.30	16.30	16.30	16.30
17.00	17.00	17.00	17.00
17.30	17.30	17.30	17.30
18.00	18.00	18.00	18.00
18.30	18.30	18.30	18.30
19.00	19.00	19.00	19.00
19.30	19.30	19.30	19.30
20.00	20.00	20.00	20.00
20.30	20.30	20.30	20.30

42. KW - Oktober 2023

	16.10. Montag	17.10. Dienstag	18.10. Mittwoch
Name: Telefon:	9.00 9.30	9.00 9.30	9.00 9.30
Name: Telefon:	10.00 10.30 11.00	10.00 10.30 11.00	10.00 10.30 11.00
Name: Telefon:	11.30 12.00	11.30 12.00	11.30 12.00
Name: Telefon:	12.30 13.00	12.30 13.00	12.30 13.00
Name: Telefon:	13.30 14.00 14.30	13.30 14.00 14.30	13.30 14.00 14.30
Name: Telefon:	15.00 15.30	15.00 15.30	15.00 15.30
Name: Telefon:	16.00 16.30 17.00	16.00 16.30 17.00	16.00 16.30 17.00
Name: Telefon:	17.30 18.00	17.30 18.00	17.30 18.00
Name: Telefon:	18.30 19.00	18.30 19.00	18.30 19.00
Name: Telefon:	19.30 20.00 20.30	19.30 20.00 20.30	19.30 20.00 20.30

Oktober 2023

19.10. Donnerstag	20.10. Freitag	**21.10.** **Samstag**	22.10. Sonntag
9.00	9.00	9.00	9.00
9.30	9.30	9.30	9.30
10.00	10.00	10.00	10.00
10.30	10.30	10.30	10.30
11.00	11.00	11.00	11.00
11.30	11.30	11.30	11.30
12.00	12.00	12.00	12.00
12.30	12.30	12.30	12.30
13.00	13.00	13.00	13.00
13.30	13.30	13.30	13.30
14.00	14.00	14.00	14.00
14.30	14.30	14.30	14.30
15.00	15.00	15.00	15.00
15.30	15.30	15.30	15.30
16.00	16.00	16.00	16.00
16.30	16.30	16.30	16.30
17.00	17.00	17.00	17.00
17.30	17.30	17.30	17.30
18.00	18.00	18.00	18.00
18.30	18.30	18.30	18.30
19.00	19.00	19.00	19.00
19.30	19.30	19.30	19.30
20.00	20.00	20.00	20.00
20.30	20.30	20.30	20.30

43. KW - Oktober 2023

	23.10. Montag	24.10. Dienstag	25.10. Mittwoch
Name: Telefon:	9.00 9.30	9.00 9.30	9.00 9.30
Name: Telefon:	10.00 10.30	10.00 10.30	10.00 10.30
Name: Telefon:	11.00 11.30 12.00	11.00 11.30 12.00	11.00 11.30 12.00
Name: Telefon:	12.30 13.00	12.30 13.00	12.30 13.00
Name: Telefon:	13.30 14.00 14.30	13.30 14.00 14.30	13.30 14.00 14.30
Name: Telefon:	15.00 15.30	15.00 15.30	15.00 15.30
Name: Telefon:	16.00 16.30 17.00	16.00 16.30 17.00	16.00 16.30 17.00
Name: Telefon:	17.30 18.00	17.30 18.00	17.30 18.00
Name: Telefon:	18.30 19.00	18.30 19.00	18.30 19.00
Name: Telefon:	19.30 20.00 20.30	19.30 20.00 20.30	19.30 20.00 20.30

Oktober 2023

26.10. Donnerstag	27.10. Freitag	28.10. Samstag	29.10. Sonntag
9.00	9.00	9.00	9.00 Ende Sommerzeit
9.30	9.30	9.30	9.30
10.00	10.00	10.00	10.00
10.30	10.30	10.30	10.30
11.00	11.00	11.00	11.00
11.30	11.30	11.30	11.30
12.00	12.00	12.00	12.00
12.30	12.30	12.30	12.30
13.00	13.00	13.00	13.00
13.30	13.30	13.30	13.30
14.00	14.00	14.00	14.00
14.30	14.30	14.30	14.30
15.00	15.00	15.00	15.00
15.30	15.30	15.30	15.30
16.00	16.00	16.00	16.00
16.30	16.30	16.30	16.30
17.00	17.00	17.00	17.00
17.30	17.30	17.30	17.30
18.00	18.00	18.00	18.00
18.30	18.30	18.30	18.30
19.00	19.00	19.00	19.00
19.30	19.30	19.30	19.30
20.00	20.00	20.00	20.00
20.30	20.30	20.30	20.30

44. KW - Oktober 2023 - November

Name:/Telefon:	30.10 Montag	31.10. Dienstag	1.11. Mittwoch
Name:	9.00	9.00 Reformationstag	9.00 Allerheiligen
Telefon:	9.30	9.30 (Feiert. i.Brandenb., Bremen, Hamburg,	9.30 (Feiertag in Baden Würtemberg,
Name:	10.00	10.00 Meck.-Vorpomm., Niedersachsen,	10.00 Bayern, NRW, Rheinland Pfalz,
Telefon:	10.30	10.30 Sachsen, Sachsen Anhalt,Schleswig	10.30 und im Saarland)
	11.00	11.00 Holstein und Thüringen)	11.00
Name:	11.30	11.30	11.30
Telefon:	12.00	12.00	12.00
Name:	12.30	12.30	12.30
Telefon:	13.00	13.00	13.00
Name:	13.30	13.30	13.30
Telefon:	14.00	14.00	14.00
	14.30	14.30	14.30
Name:	15.00	15.00	15.00
Telefon:	15.30	15.30	15.30
Name:	16.00	16.00	16.00
Telefon:	16.30	16.30	16.30
	17.00	17.00	17.00
Name:	17.30	17.30	17.30
Telefon:	18.00	18.00	18.00
Name:	18.30	18.30	18.30
Telefon:	19.00	19.00	19.00
	19.30	19.30	19.30
Name:	20.00	20.00	20.00
Telefon:	20.30	20.30	20.30

November 2023

2.11. Donnerstag	3.11. Freitag	**4.11.** **Samstag**	5.11. Sonntag
9.00	9.00	9.00	9.00
9.30	9.30	9.30	9.30
10.00	10.00	10.00	10.00
10.30	10.30	10.30	10.30
11.00	11.00	11.00	11.00
11.30	11.30	11.30	11.30
12.00	12.00	12.00	12.00
12.30	12.30	12.30	12.30
13.00	13.00	13.00	13.00
13.30	13.30	13.30	13.30
14.00	14.00	14.00	14.00
14.30	14.30	14.30	14.30
15.00	15.00	15.00	15.00
15.30	15.30	15.30	15.30
16.00	16.00	16.00	16.00
16.30	16.30	16.30	16.30
17.00	17.00	17.00	17.00
17.30	17.30	17.30	17.30
18.00	18.00	18.00	18.00
18.30	18.30	18.30	18.30
19.00	19.00	19.00	19.00
19.30	19.30	19.30	19.30
20.00	20.00	20.00	20.00
20.30	20.30	20.30	20.30

45. KW - November 2023

	6.11. Montag	7.11. Dienstag	8.11. Mittwoch
Name: Telefon:	9.00 9.30	9.00 9.30	9.00 9.30
Name: Telefon:	10.00 10.30	10.00 10.30	10.00 10.30
Name: Telefon:	11.00 11.30 12.00	11.00 11.30 12.00	11.00 11.30 12.00
Name: Telefon:	12.30 13.00	12.30 13.00	12.30 13.00
Name: Telefon:	13.30 14.00 14.30	13.30 14.00 14.30	13.30 14.00 14.30
Name: Telefon:	15.00 15.30	15.00 15.30	15.00 15.30
Name: Telefon:	16.00 16.30 17.00	16.00 16.30 17.00	16.00 16.30 17.00
Name: Telefon:	17.30 18.00	17.30 18.00	17.30 18.00
Name: Telefon:	18.30 19.00	18.30 19.00	18.30 19.00
Name: Telefon:	19.30 20.00 20.30	19.30 20.00 20.30	19.30 20.00 20.30

November 2023

9.11. Donnerstag	10.11. Freitag	**11.11.** **Samstag**	12.11. Sonntag
9.00	9.00	9.00	9.00
9.30	9.30	9.30	9.30
10.00	10.00	10.00	10.00
10.30	10.30	10.30	10.30
11.00	11.00	11.00	11.00
11.30	11.30	11.30	11.30
12.00	12.00	12.00	12.00
12.30	12.30	12.30	12.30
13.00	13.00	13.00	13.00
13.30	13.30	13.30	13.30
14.00	14.00	14.00	14.00
14.30	14.30	14.30	14.30
15.00	15.00	15.00	15.00
15.30	15.30	15.30	15.30
16.00	16.00	16.00	16.00
16.30	16.30	16.30	16.30
17.00	17.00	17.00	17.00
17.30	17.30	17.30	17.30
18.00	18.00	18.00	18.00
18.30	18.30	18.30	18.30
19.00	19.00	19.00	19.00
19.30	19.30	19.30	19.30
20.00	20.00	20.00	20.00
20.30	20.30	20.30	20.30

46. KW - November 2023

	13.11 Montag	14.11. Dienstag	15.11. Mittwoch
Name:	9.00	9.00	9.00
Telefon:	9.30	9.30	9.30
Name:	10.00	10.00	10.00
Telefon:	10.30	10.30	10.30
	11.00	11.00	11.00
Name:	11.30	11.30	11.30
Telefon:	12.00	12.00	12.00
Name:	12.30	12.30	12.30
Telefon:	13.00	13.00	13.00
	13.30	13.30	13.30
Name:	14.00	14.00	14.00
Telefon:	14.30	14.30	14.30
Name:	15.00	15.00	15.00
Telefon:	15.30	15.30	15.30
Name:	16.00	16.00	16.00
Telefon:	16.30	16.30	16.30
	17.00	17.00	17.00
Name:	17.30	17.30	17.30
Telefon:	18.00	18.00	18.00
Name:	18.30	18.30	18.30
Telefon:	19.00	19.00	19.00
Name:	19.30	19.30	19.30
Telefon:	20.00	20.00	20.00
	20.30	20.30	20.30

November 2023

16.11. Donnerstag	17.11. Freitag	**18.11.** **Samstag**	19.11. Sonntag
9.00	9.00	9.00	9.00
9.30	9.30	9.30	9.30
10.00	10.00	10.00	10.00
10.30	10.30	10.30	10.30
11.00	11.00	11.00	11.00
11.30	11.30	11.30	11.30
12.00	12.00	12.00	12.00
12.30	12.30	12.30	12.30
13.00	13.00	13.00	13.00
13.30	13.30	13.30	13.30
14.00	14.00	14.00	14.00
14.30	14.30	14.30	14.30
15.00	15.00	15.00	15.00
15.30	15.30	15.30	15.30
16.00	16.00	16.00	16.00
16.30	16.30	16.30	16.30
17.00	17.00	17.00	17.00
17.30	17.30	17.30	17.30
18.00	18.00	18.00	18.00
18.30	18.30	18.30	18.30
19.00	19.00	19.00	19.00
19.30	19.30	19.30	19.30
20.00	20.00	20.00	20.00
20.30	20.30	20.30	20.30

47. KW - November 2023

	20.11 Montag	21.11. Dienstag	22.11. Mittwoch
Name: Telefon:	9.00 9.30	9.00 9.30	9.00 Buß- und Bettag (Feiertag in Sachsen) 9.30
Name: Telefon:	10.00 10.30	10.00 10.30	10.00 10.30
Name: Telefon:	11.00 11.30 12.00	11.00 11.30 12.00	11.00 11.30 12.00
Name: Telefon:	12.30 13.00	12.30 13.00	12.30 13.00
Name: Telefon:	13.30 14.00 14.30	13.30 14.00 14.30	13.30 14.00 14.30
Name: Telefon:	15.00 15.30	15.00 15.30	15.00 15.30
Name: Telefon:	16.00 16.30 17.00	16.00 16.30 17.00	16.00 16.30 17.00
Name: Telefon:	17.30 18.00	17.30 18.00	17.30 18.00
Name: Telefon:	18.30 19.00	18.30 19.00	18.30 19.00
Name: Telefon:	19.30 20.00 20.30	19.30 20.00 20.30	19.30 20.00 20.30

November 2023

23.11. Donnerstag	24.11. Freitag	**25.11.** **Samstag**	26.11. Sonntag
9.00	9.00	9.00	9.00
9.30	9.30	9.30	9.30
10.00	10.00	10.00	10.00
10.30	10.30	10.30	10.30
11.00	11.00	11.00	11.00
11.30	11.30	11.30	11.30
12.00	12.00	12.00	12.00
12.30	12.30	12.30	12.30
13.00	13.00	13.00	13.00
13.30	13.30	13.30	13.30
14.00	14.00	14.00	14.00
14.30	14.30	14.30	14.30
15.00	15.00	15.00	15.00
15.30	15.30	15.30	15.30
16.00	16.00	16.00	16.00
16.30	16.30	16.30	16.30
17.00	17.00	17.00	17.00
17.30	17.30	17.30	17.30
18.00	18.00	18.00	18.00
18.30	18.30	18.30	18.30
19.00	19.00	19.00	19.00
19.30	19.30	19.30	19.30
20.00	20.00	20.00	20.00
20.30	20.30	20.30	20.30

48. KW - November 2023

	27.11 Montag	28.11. Dienstag	29.11. Mittwoch
Name: Telefon:	9.00 9.30	9.00 9.30	9.00 9.30
Name: Telefon:	10.00 10.30	10.00 10.30	10.00 10.30
Name: Telefon:	11.00 11.30 12.00	11.00 11.30 12.00	11.00 11.30 12.00
Name: Telefon:	12.30 13.00	12.30 13.00	12.30 13.00
Name: Telefon:	13.30 14.00 14.30	13.30 14.00 14.30	13.30 14.00 14.30
Name: Telefon:	15.00 15.30	15.00 15.30	15.00 15.30
Name: Telefon:	16.00 16.30 17.00	16.00 16.30 17.00	16.00 16.30 17.00
Name: Telefon:	17.30 18.00	17.30 18.00	17.30 18.00
Name: Telefon:	18.30 19.00	18.30 19.00	18.30 19.00
Name: Telefon:	19.30 20.00 20.30	19.30 20.00 20.30	19.30 20.00 20.30

November - Dezember2023

30.11. **Donnerstag**	1.12. Freitag	**2.12. Samstag**	3.12. Sonntag
9.00	9.00	9.00	9.00
9.30	9.30	9.30	9.30
10.00	10.00	10.00	10.00
10.30	10.30	10.30	10.30
11.00	11.00	11.00	11.00
11.30	11.30	11.30	11.30
12.00	12.00	12.00	12.00
12.30	12.30	12.30	12.30
13.00	13.00	13.00	13.00
13.30	13.30	13.30	13.30
14.00	14.00	14.00	14.00
14.30	14.30	14.30	14.30
15.00	15.00	15.00	15.00
15.30	15.30	15.30	15.30
16.00	16.00	16.00	16.00
16.30	16.30	16.30	16.30
17.00	17.00	17.00	17.00
17.30	17.30	17.30	17.30
18.00	18.00	18.00	18.00
18.30	18.30	18.30	18.30
19.00	19.00	19.00	19.00
19.30	19.30	19.30	19.30
20.00	20.00	20.00	20.00
20.30	20.30	20.30	20.30

49. KW - Dezember 2023

	4.12 Montag	5.12. Dienstag	6.12. Mittwoch
Name: Telefon:	9.00 9.30	9.00 9.30	9.00 9.30
Name: Telefon:	10.00 10.30 11.00	10.00 10.30 11.00	10.00 10.30 11.00
Name: Telefon:	11.30 12.00	11.30 12.00	11.30 12.00
Name: Telefon:	12.30 13.00	12.30 13.00	12.30 13.00
Name: Telefon:	13.30 14.00 14.30	13.30 14.00 14.30	13.30 14.00 14.30
Name: Telefon:	15.00 15.30	15.00 15.30	15.00 15.30
Name: Telefon:	16.00 16.30 17.00	16.00 16.30 17.00	16.00 16.30 17.00
Name: Telefon:	17.30 18.00	17.30 18.00	17.30 18.00
Name: Telefon:	18.30 19.00	18.30 19.00	18.30 19.00
Name: Telefon:	19.30 20.00 20.30	19.30 20.00 20.30	19.30 20.00 20.30

Dezember2023

7.12. Donnerstag	8.12. Freitag	**9.12.** **Samstag**	10.12. Sonntag
9.00	9.00	9.00	9.00
9.30	9.30	9.30	9.30
10.00	10.00	10.00	10.00
10.30	10.30	10.30	10.30
11.00	11.00	11.00	11.00
11.30	11.30	11.30	11.30
12.00	12.00	12.00	12.00
12.30	12.30	12.30	12.30
13.00	13.00	13.00	13.00
13.30	13.30	13.30	13.30
14.00	14.00	14.00	14.00
14.30	14.30	14.30	14.30
15.00	15.00	15.00	15.00
15.30	15.30	15.30	15.30
16.00	16.00	16.00	16.00
16.30	16.30	16.30	16.30
17.00	17.00	17.00	17.00
17.30	17.30	17.30	17.30
18.00	18.00	18.00	18.00
18.30	18.30	18.30	18.30
19.00	19.00	19.00	19.00
19.30	19.30	19.30	19.30
20.00	20.00	20.00	20.00
20.30	20.30	20.30	20.30

50. KW - Dezember 2023

	11.12 Montag	12.12. Dienstag	13.12. Mittwoch
Name: Telefon:	9.00 9.30	9.00 9.30	9.00 9.30
Name: Telefon:	10.00 10.30 11.00	10.00 10.30 11.00	10.00 10.30 11.00
Name: Telefon:	11.30 12.00	11.30 12.00	11.30 12.00
Name: Telefon:	12.30 13.00	12.30 13.00	12.30 13.00
Name: Telefon:	13.30 14.00 14.30	13.30 14.00 14.30	13.30 14.00 14.30
Name: Telefon:	15.00 15.30	15.00 15.30	15.00 15.30
Name: Telefon:	16.00 16.30 17.00	16.00 16.30 17.00	16.00 16.30 17.00
Name: Telefon:	17.30 18.00	17.30 18.00	17.30 18.00
Name: Telefon:	18.30 19.00	18.30 19.00	18.30 19.00
Name: Telefon:	19.30 20.00 20.30	19.30 20.00 20.30	19.30 20.00 20.30

Dezember2023

14.12. Donnerstag	15.12. Freitag	**16.12.** **Samstag**	17.12. Sonntag
9.00	9.00	9.00	9.00
9.30	9.30	9.30	9.30
10.00	10.00	10.00	10.00
10.30	10.30	10.30	10.30
11.00	11.00	11.00	11.00
11.30	11.30	11.30	11.30
12.00	12.00	12.00	12.00
12.30	12.30	12.30	12.30
13.00	13.00	13.00	13.00
13.30	13.30	13.30	13.30
14.00	14.00	14.00	14.00
14.30	14.30	14.30	14.30
15.00	15.00	15.00	15.00
15.30	15.30	15.30	15.30
16.00	16.00	16.00	16.00
16.30	16.30	16.30	16.30
17.00	17.00	17.00	17.00
17.30	17.30	17.30	17.30
18.00	18.00	18.00	18.00
18.30	18.30	18.30	18.30
19.00	19.00	19.00	19.00
19.30	19.30	19.30	19.30
20.00	20.00	20.00	20.00
20.30	20.30	20.30	20.30

51. KW - Dezember 2023

	18.12 Montag	19.12. Dienstag	20.12. Mittwoch
Name: Telefon:	9.00 9.30	9.00 9.30	9.00 9.30
Name: Telefon:	10.00 10.30 11.00	10.00 10.30 11.00	10.00 10.30 11.00
Name: Telefon:	11.30 12.00	11.30 12.00	11.30 12.00
Name: Telefon:	12.30 13.00	12.30 13.00	12.30 13.00
Name: Telefon:	13.30 14.00 14.30	13.30 14.00 14.30	13.30 14.00 14.30
Name: Telefon:	15.00 15.30	15.00 15.30	15.00 15.30
Name: Telefon:	16.00 16.30 17.00	16.00 16.30 17.00	16.00 16.30 17.00
Name: Telefon:	17.30 18.00	17.30 18.00	17.30 18.00
Name: Telefon:	18.30 19.00	18.30 19.00	18.30 19.00
Name: Telefon:	19.30 20.00 20.30	19.30 20.00 20.30	19.30 20.00 20.30

Dezember2023

21.12. Donnerstag	22.12. Freitag	**23.12.** **Samstag**	24.12. Sonntag Heiligabend
9.00	9.00	9.00	9.00
9.30	9.30	9.30	9.30
10.00	10.00	10.00	10.00
10.30	10.30	10.30	10.30
11.00	11.00	11.00	11.00
11.30	11.30	11.30	11.30
12.00	12.00	12.00	12.00
12.30	12.30	12.30	12.30
13.00	13.00	13.00	13.00
13.30	13.30	13.30	13.30
14.00	14.00	14.00	14.00
14.30	14.30	14.30	14.30
15.00	15.00	15.00	15.00
15.30	15.30	15.30	15.30
16.00	16.00	16.00	16.00
16.30	16.30	16.30	16.30
17.00	17.00	17.00	17.00
17.30	17.30	17.30	17.30
18.00	18.00	18.00	18.00
18.30	18.30	18.30	18.30
19.00	19.00	19.00	19.00
19.30	19.30	19.30	19.30
20.00	20.00	20.00	20.00
20.30	20.30	20.30	20.30

52. KW - Dezember 2023

	25.12 Montag 1.Weihnachtstag	26.12. Dienstag 2.Weihnachtstag	27.12. Mittwoch
Name: Telefon:	9.00 9.30	9.00 9.30	9.00 9.30
Name: Telefon:	10.00 10.30	10.00 10.30	10.00 10.30
Name: Telefon:	11.00 11.30	11.00 11.30	11.00 11.30
Name: Telefon:	12.00 12.30	12.00 12.30	12.00 12.30
Name: Telefon:	13.00 13.30	13.00 13.30	13.00 13.30
Name: Telefon:	14.00 14.30	14.00 14.30	14.00 14.30
Name: Telefon:	15.00 15.30	15.00 15.30	15.00 15.30
Name: Telefon:	16.00 16.30	16.00 16.30	16.00 16.30
Name: Telefon:	17.00 17.30	17.00 17.30	17.00 17.30
Name: Telefon:	18.00 18.30	18.00 18.30	18.00 18.30
Name: Telefon:	19.00 19.30	19.00 19.30	19.00 19.30
Name: Telefon:	20.00 20.30	20.00 20.30	20.00 20.30

Dezember2023

28.12. Donnerstag	29.12. Freitag	30.12. Samstag	31.12. Sonntag Silvester
9.00	9.00	9.00	9.00
9.30	9.30	9.30	9.30
10.00	10.00	10.00	10.00
10.30	10.30	10.30	10.30
11.00	11.00	11.00	11.00
11.30	11.30	11.30	11.30
12.00	12.00	12.00	12.00
12.30	12.30	12.30	12.30
13.00	13.00	13.00	13.00
13.30	13.30	13.30	13.30
14.00	14.00	14.00	14.00
14.30	14.30	14.30	14.30
15.00	15.00	15.00	15.00
15.30	15.30	15.30	15.30
16.00	16.00	16.00	16.00
16.30	16.30	16.30	16.30
17.00	17.00	17.00	17.00
17.30	17.30	17.30	17.30
18.00	18.00	18.00	18.00
18.30	18.30	18.30	18.30
19.00	19.00	19.00	19.00
19.30	19.30	19.30	19.30
20.00	20.00	20.00	20.00
20.30	20.30	20.30	20.30

Kalender 2024

Januar		Februar		März	
1 Mo Neujahr	1	1 Do		1 Fr	
2 Di		2 Fr		2 Sa	
3 Mi		3 Sa		3 So	
4 Do		4 So		4 Mo	10
5 Fr		5 Mo	6	5 Di	
6 Sa Heilige Drei Könige		6 Di		6 Mi	
7 So		7 Mi		7 Do	
8 Mo	2	8 Do		8 Fr	
9 Di		9 Fr		9 Sa	
10 Mi		10 Sa		10 So	
11 Do		11 So		11 Mo	11
12 Fr		12 Mo Rosenmontag	7	12 Di	
13 Sa		13 Di		13 Mi	
14 So		14 Mi		14 Do	
15 Mo	3	15 Do		15 Fr	
16 Di		16 Fr		16 Sa	
17 Mi		17 Sa		17 So	
18 Do		18 So		18 Mo	12
19 Fr		19 Mo	8	19 Di	
20 Sa		20 Di		20 Mi	
21 So		21 Mi		21 Do	
22 Mo	4	22 Do		22 Fr	
23 Di		23 Fr		23 Sa	
24 Mi		24 Sa		24 So	
25 Do		25 So		25 Mo	13
26 Fr		26 Mo	9	26 Di	
27 Sa		27 Di		27 Mi	
28 So		28 Mi		28 Do	
29 Mo	5	29 Do		29 Fr Karfreitag	
30 Di				30 Sa	
31 Mi				31 So Ostern/Beginn der Sommerzeit	

Kalender 2024

April	Mai	Juni
1 Mo Ostermontag 14	**1 Mi Tag der Arbeit**	**1 Sa**
2 Di	2 Do	**2 So**
3 Mi	3 Fr	3 Mo 23
4 Do	**4 Sa**	4 Di
5 Fr	**5 So**	5 Mi
6 Sa	6 Mo 19	6 Do
7 So	7 Di	7 Fr
8 Mo 15	8 Mi	**8 Sa**
9 Di	**9 Do Christi Himmelfahrt**	**9 So**
10 Mi	10 Fr	10 Mo 24
11 Do	**11 Sa**	11 Di
12 Fr	**12 So Muttertag**	12 Mi
13 Sa	13 Mo 20	13 Do
14 So	14 Di	14 Fr
15 Mo 16	15 Mi	**15 Sa**
16 Di	16 Do	**16 So**
17 Mi	17 Fr	17 Mo 25
18 Do	**18 Sa**	18 Di
19 Fr	**19 So Pfingsten**	19 Mi
20 Sa	**20 Mo Pfingstmontag** 21	20 Do
21 So	21 Di	21 Fr
22 Mo 17	22 Mi	**22 Sa**
23 Di	23 Do	**23 So**
24 Mi	24 Fr	24 Mo 26
25 Do	**25 Sa**	25 Di
26 Fr	**26 So**	26 Mi
27 Sa	27 Mo 22	27 Do
28 So	28 Di	28 Fr
29 Mo 18	29 Mi	**29 Sa**
30 Di	30 Do Fronleichnam	**30 So**
	31 Fr	

Kalender 2024

Juli		August		September	
1 Mo	27	1 Do		**1 So**	
2 Di		2 Fr		2 Mo	36
3 Mi		**3 Sa**		3 Di	
4 Do		**4 So**		4 Mi	
5 Fr		5 Mo	32	5 Do	
6 Sa		6 Di		6 Fr	
7 So		7 Mi		**7 Sa**	
8 Mo	28	8 Do		**8 So**	
9 Di		9 Fr		9 Mo	37
10 Mi		**10 Sa**		10 Di	
11 Do		**11 So**		11 Mi	
12 Fr		12 Mo	33	12 Do	
13 Sa		13 Di		13 Fr	
14 So		14 Mi		**14 Sa**	
15 Mo	29	15 Do		**15 So**	
16 Di		16 Fr		16 Mo	38
17 Mi		**17 Sa**		17 Di	
18 Do		**18 So**		18 Mi	
19 Fr		19 Mo	34	19 Do	
20 Sa		20 Di		20 Fr	
21 So		21 Mi		**21 Sa**	
22 Mo	30	22 Do		**22 So**	
23 Di		23 Fr		23 Mo	39
24 Mi		**24 Sa**		24 Di	
25 Do		**25 So**		25 Mi	
26 Fr		26 Mo	35	26 Do	
27 Sa		27 Di		27 Fr	
28 So		28 Mi		**28 Sa**	
29 Mo	31	29 Do		**29 So**	
30 Di		30 Fr		30 Mo	40
31 Mi		**31 Sa**			

Kalender 2024

Oktober	November	Dezember
1 Di	1 Fr Allerheiligen	**1 So** 1. Advent
2 Mi	**2 Sa**	2 Mo 49
3 Do Tag der Deutschen Einheit	**3 So**	3 Di
4 Fr	4 Mo 45	4 Mi
5 Sa	5 Di	5 Do
6 So	6 Mi	6 Fr
7 Mo 41	7 Do	**7 Sa**
8 Di	8 Fr	**8 So**
9 Mi	**9 Sa**	9 Mo 50
10 Do	**10 So**	10 Di
11 Fr	11 Mo 46	11 Mi
12 Sa	12 Di	12 Do
13 So	13 Mi	13 Fr
14 Mo 42	14 Do	**14 Sa**
15 Di	15 Fr	**15 So**
16 Mi	**16 Sa**	16 Mo 51
17 Do	**17 So**	17 Di
18 Fr	18 Mo 47	18 Mi
19 Sa	19 Di	19 Do
20 So	20 Mi	20 Fr
21 Mo 43	21 Do	**21 Sa**
22 Di	22 Fr	**22 So**
23 Mi	**23 Sa**	23 Mo 52
24 Do	**24 So**	24 Di Heiligabend
25 Fr	25 Mo 48	**25 Mi 1. Weihnachtstag**
26 Sa	26 Di	**26 Do 2. Weihnachtstag**
27 So Ende der Sommerzeit	27 Mi	27 Fr
28 Mo 44	28 Do	**28 Sa**
29 Di	29 Fr	**29 So**
30 Mi	**30 Sa**	30 Mo 1
31 Do Reformationstag		31 Di Silvester